SARTRISM

MAURICE CRANSTON

Maurice Cranston has held the Chair of Political Science at the London School of Economics since 1968. In 1965, he was Visiting Professor of Government at Harvard, and he taught there again in the summer of 1969. He is well known to the broadcasting audience through the many talks he has contributed to the C.B.C. and B.B.C.

Professor Cranston is the author and editor of a dozen volumes, among which may be mentioned: *John Locke, a biography*, *John Stuart Mill*, *What are Human Rights?*, *Western Political Philosophers*, and *The Social Contract of J.J. Rousseau* (translation with an introduction).

A previous volume on Sartre which he published in 1963 under the title: *Jean-Paul Sartre*, dealt mainly with Sartre's literary output. While the present volume does not ignore his creative works, it is mainly biographical, philosophical, and political in emphasis.

THE QUINTESSENCE OF SARTRISM

MAURICE CRANSTON

*Professor of Political Science
at the London School of Economics,
London, England.*

Translated by C. Berloty

HARVEST HOUSE

Library of Congress Catalogue Card No. 70-91750
ISBN 0-88772-110-9 (paper)
ISBN 0-88772-111-7 (cloth)

First Printing March 1970

For information address: Harvest House Ltd.
1364 Greene Ave., Montreal, Que., Canada
Printed in Canada by
Electra Printing Limited, Montreal

The essays published in this volume were originally delivered as lectures by Professor Cranston in 1968 on the C.B.C. public affairs program "Ideas", under the title *Marxism and Existentialism*.

OTHER VOLUMES IN THIS SERIES:

Contents

I

Literature and Commitment

When the Nobel Prize was offered in 1964 to Jean-Paul Sartre, and he refused it, he said, among other things, that a writer ought not to let himself be turned into an institution: he should confront the world simply as a writer, not as an Academician, or a Laureate or a Prize winner. Sartre has always refused honours: just as Bernard Shaw did, and H.G. Wells and Rudyard Kipling, who all belonged to an age which thought more highly of writers than our age does; when writers had their own special pride and authority and eminence. Sartre seems almost the last of this type of immensely influential man of letters, with a name which resounds round the world, and a voice which does not shrink from saying what he thinks about the political, moral, social and cultural problems of the time. More perhaps than any other man of his generation, Sartre has vindicated the right of the artist to be a moralist. Or more exactly, he has claimed that the artist who is fully conscious of his place in the order of things *must* be a moralist.

The phrase that Sartre has made famous, "committed literature" - *la littérature engagée* - has come, more and more, for him to be a definition of literature as such. Literature which is not "committed" is not literature at all. And a year or two ago he went so far as to say that a writer whose work does nothing to help mankind in its present predicament would do well to give up writing altogether. Sartre even suggested that if he were himself an African, he would cease to be a writer and become a schoolmaster, or do some other work to help with the practical problems of a newly liberated underdeveloped country.

I have always thought it rather significant that Sartre should be a cousin of the great Alsatian missionary, Albert Schweitzer: for Sartre has something of the same attachment to the idea of salvation, the same intense feelings of social duty, the same contempt for wordly values, and the same blunt, honest, almost Calvinistic rectitude. Sartre can, I think, be called a puritan, because of this austerity and high moral seriousness; and also because his work has always been informed by a profound distaste for the visible world of corruption and folly.

His first work had the apt and striking title, *La Nausée* or *Nausea*. This was published in 1938, when Sartre was aged 33. It was not his first book, for he had already brought out two or three monographs on philosophy. And although he had never been promoted from the ranks of a philosophy teacher in secondary schools, or taken a doctorate, or secured a post at a university, his philosophical books earned him a certain renown. He had become one of the leading exponents in France of what was then a distinctively German school of philosophy, existentialism. Having grown up in a bilingual Alsatian family, Sartre has always spoken German perfectly: and he has owed far more to German thinkers like Hegel, Marx, Heidegger and Husserl than to any French school of thought. Indeed Sartre's starting point as a philosopher was the rejection of the teaching of the central philosopher of the French tradition, Descartes.

Whereas Descartes believed that the universe can be demonstrated by reason to be an ordered system created by God, Sartre has always held that the universe is not an ordered system at all and that God does not exist. Sartre is an atheist. But he is not an easy atheist, in the manner of David Hume or Baron Holbach and the other materialist philosphers of the eighteenth century. The non-existence of God — which Sartre speaks of, dramatically, as the "death of God" is a matter of grave concern to Sartre. The irrational nature of the universe horrifies him.

In his autobiography, *Les Mots,* or *Words,* Sartre confesses that a passion for metaphysical knowledge possessed him at a very early age. His father, a marine engineer, died of a tropical fever when Sartre was only two years old, and Sartre was brought up in the house of his grandfather, Karl or Charles Schweitzer, an Alsatian Protestant and a language teacher by profession.*

Sartre has sometimes described his own condition, as an orphan, as that of a "false bastard". He has made some of the heroes of his books real bastards, such as Edmund Kean in the play *Kean,* Goetz in the play *Le Diable et le Bon Dieu,* known in English alternatively as *The Devil and the Good Lord* or *Lucifer and the Lord,* and has developed an elaborate theory of illegitimacy in his book on the ex-criminal writer Jean Genet, which he calls *Saint Genet.* But one thing is quite clear. Sartre did not lack a "father figure" in his childhood. His grandfather enacted the paternal role: he might even be thought to have overacted it. For Karl Schweitzer, with his massive presence and gleaming eye and flowing white beard looked like nothing so much as popular nineteenth-century images of God.

*See the "Bibliography" at the end of this volume and the French references at the end of the French language version.

In his home Karl Schweitzer was a stern ruler. Sartre's widowed mother was treated, he tells us, "like an unmarried daughter who has produced an infant". Nobody respected her. But Sartre himself enjoyed the situation. His mother belonged to him. He had no father or brother or sister to "dispute his peaceful possession of her". He was spared what he calls "that harsh apprenticeship – jealousy". He had, he says, no early experience of hatred and violence. One may well wonder, in this case, why hatred and violence came to play so large a part in Sartre's writings – not only in the novels and plays, with all those shootings and tortures, but also in his theoretical books, in *L'Etre et le Néant (Being and Nothingness)*, where all human relations are said to be forms of conflict, and the *Critique de la Raison Dialectique (Critique of Dialectical Reason)*, where all human groupings are said to be based on fear, violence and terror. Conceivably Sartre was so unfamiliar with violence and hatred in his childhood that when he did meet these things they had a shattering impact.

Sartre was a lonely child. But once he had learned to read, books filled his life, and provided a way of living in the imagination for a child who had no companions. And it was from books that he learned about the world. But of course, as Sartre himself points out, the world one learns about from books is an ordered world, assimilated, classified, ticketed, systematic.

Learning about the world in this way was responsible, Sartre thinks, for the "idealism" it took him thirty years to get rid of. Here we can see a clear link with the theme of his first—and still perhaps, his best novel, *La Nausée* or *Nausea*. Roquentin, the central character of *La Nausée,* yearns for a universe which is perfectly harmonious and necessary like the universe of Descartes or Leibnitz or Newton; he is quite literally sickened by the empirical, visible universe which is contingent, messy and purposeless. Only at the end of the novel does the hero find a way of reconciling himself to reality as it is. And this has doubtless been Sartre's own problem: to cure himself of a metaphysical hunger acquired, at least partly, by learning from books instead of from experience.

Another thing Sartre tells us in his autobiography is that he did not relish being alive. He regarded his own birth as a necessary evil. Death became what he calls his *vertige;* it possessed the power of both fascination and dread precisely because he did not like life. In his early fantasies of heroism, death was wedded to glory. He wanted death and feared it. Sartre suggests that this ambivalence lies at the root of most of our deepest intentions: projects and evasions inseparably linked. His own "mad enterprise" of writing was a way of earning a pardon for living. Writing was his salvation in the sense that it served as a form of expiation of the guilt of being alive.

Many of the things Sartre tells us about himself in his autobiography are not only expressed in language drawn from religion, but seem somehow to belong to the story of a search for grace. All he tells us about his alienation from his fellow creatures, from life and from the visible world seems like the first part of the biography of one who finds fulfilment in the contemplation of the invisible world and in the love of God. Indeed, Sartre admits that he might have found God. His grandfather, the son of a Calvinist pastor, was an anticlerical who had only an intermittent faith; his grandmother had a peacefully sceptical disposition. But Sartre's mother was a believer, who found a secret consolation in religion, and she sent Sartre to a Catholic priest for instruction. Young Sartre said his prayers. He once even had the sensation of the presence of God. Then his faith petered out. His, he says, was a "lost vocation".

The first existentialist, Kierkegaard, was a passionate Christian, and it was the purpose of his existentialism to suggest that the proof of Christian teaching could never be derived from rational arguments about the nature of Creation, but was something directly experienced in the lonely anguish of the sinner separated from God. Even in our own irreligious age there must still be millions for whom the feeling of living in a world without a Heavenly Father would be intolerable. Without God they would dwell in darkness. The hero of Sartre's first novel is in just this condition. To Antoine Roquentin, the thought of living in a universe which is not a rigid and predictable system moving according to inexorable laws is a terrifying thought. Sartre is an atheist who understands men's thirst for God, and who teaches them that they must learn to live with that thirst for ever unsatisfied.

In *La Nausée* Sartre's hero passes his days, anxious and tormented by disgust and deep apprehension. In his feelings of dread Roquentin becomes conscious of the unpredictability of the universe; but in passing from his dread to the cause of it, he learns new truths. If the universe is contingent, it is also free. Because contingency is itself the only absolute, it is "the perfect free gift". "All is free", he tells himself as he sits on a park bench in a dismal French city, "this park, this city, and myself". Freedom, therefore, is not something to be found in running away from commitment; it is already there, in the universe, in his own conscious being.

This is another of Sartre's main themes: perhaps his most important. If a man is free, it follows that he is responsible for everything he does. He is not just a cog in a machine, a creature of circumstance or destiny, a puppet, or a robot. A man is what he makes himself; and for what he makes himself he alone is answerable. At the end of the novel Roquentin has another, and decisive illumination; this is perhaps his moment of conversion. He has a favourite record, the American jazz song "Some of these Days"; a waitress in a café puts it on the jukebox for him. As he listens, pictures pass through his mind. He imagines a Jewish musician in a hot apartment in New York finding a reason for living by creating this simple little song. And he asks himself: "If he, why not I?" Why should I, Antoine Roquentin, not make a reason for living, give a meaning to life by doing something creative? By writing? If so, the book must be something created by Antoine Roquentin himself. So he decides to write a novel. He says to himself:

Naturally at first it would only be a troublesome, tiring work; it wouldn't stop me from existing or feeling that I exist. But a time would come when the book would be written, when it would be behind me, and I think that a little of its clarity might fall over my own past. Then, perhaps, because of it, I could remember my life without repugnance.

Thus *La Nausée* ends. It is a marvellous book. Although the hero's problems are dramatised, everything is worked out with impeccable logic. Each stage of Roquentin's enlightenment follows rationally one from the other. All is beauti-

fully ordered: in this, as in other ways, *La Nausée* is clearly a philosopher's novel. In places it is
oddly disturbing, because we are made not only
to see, but to sense what it feels like to be
Roquentin going through this crisis in his life. As
I have said, Roquentin finds a purpose for living
in art, in writing a novel. The moral of *La Nausée* is that everyone must find his own reason for
living; but plainly Sartre himself at this stage of
his life was thinking in terms of salvation
through art. His attack on the uncommitted life
is fully mounted in this fine novel; but his concept of commitment is not yet given any specific
political content. *La Nausée* is an existentialist
novel; but it is nowhere recognisably the work
of a socialist.

Indeed Sartre has told in his memoirs that he
was "converted to politics" during the German
occupation of France, largely by the influence
of the Marxist philosopher Maurice Merleau-
Ponty. During the 1930's Sartre regarded himself as a socialist, but he did not feel the need to
take any active interest in politics. At the
general election of 1935, when the Popular
Front government was returned, Sartre did not
even trouble to vote. In a vague way, he felt that
socialism was coming, without his doing anything about it. His notion of commitment was
moral rather than political.

However, it was one of the features of the

general crisis of the 1930's and 1940's that the central moral problems of the time came to be increasingly inseparable from political problems; and Sartre has always been a writer with a keen sense of the immediate, of the contemporary. His second novel was a three-volume sequence, called *Les Chemins de la Liberté* or *Paths to Freedom* which traced the experience of a man of Sartre's own age living through the events of France in Sartre's lifetime. It is an attempt to show what kind of use each man makes of his freedom, either by accepting or evading the responsibility which each man equally bears for what he does.

In an essay entitled *Qu'est-ce que la Littérature? (What is Literature?)* published in 1948, Sartre made the point that French writers of his generation, having lived through the experiences of the War and the German Occupation, had necessarily to produce a "literature of extreme situations". Events of this time had made everyone "touch his limit". Having said this, Sartre went on to make the more controversial claim that all writers of his generation were "metaphysical writers" whether they liked the name or not. Metaphysics, he added "is not a sterile discussion of abstract notions... it is living effort to embrace from within the human condition in its totality".

Sartre then named André Malraux and

23

Antoine de Saint-Exupéry as writers of his own generation, because, although they began publishing at an earlier date, they had the same conception of what literature should be. Malraux had recognised that Europe was already at war in the early nineteen-thirties, and produced a "war literature" while the leaders of the so-called *avant-garde* of the time, the surrealists, were still producing a "peace literature". Saint-Exupéry had adumbrated a "literature of construction" to replace the traditional bourgeois "literature of consumption". These had become the guiding ideas of Sartre's own generation.

He went on to say:

. . .we were convinced that no art could really be ours if it did not restore to the event its brutal freshness, its ambiguity, its unforseeability; if it did not restore to time its actual course, to the world its rich and threatening opacity, and to man his long patience.

We did not want to delight our public. . .we wanted to take it by the throat. Let every character be a trap, let the reader be caught in it, and let him be tossed from one consciousness to another as from one absolute and irremediable universe to another similarly absolute; let him be uncertain with the very uncertainty of the heroes, disturbed with their disturbance, flooded with their present, docile beneath the weight of their future; invested with their perceptions and feelings as by high insurmountable cliffs. . .

This paragraph should perhaps be read in connexion with Sartre's remark about the German
Occupation, that it brought one "to the deepest
knowledge a man can have of himself. His capa-
city for standing up to torture and death". At
the same time Sartre said he also believed that
"in order to understand something about mankind, it was necessary to scrutinise extreme
cases".

Sartre's theory of committed literature has
led him to be highly critical of those writers who
do not share his opinions. An example of this is
his essay on the nineteenth-century poet
Baudelaire, which he wrote at the end of the
war. Sartre's reading of Baudelaire's biography is
all the more interesting because of certain
resemblances we may notice (but must not
overemphasise) between the childhood of the
poet and that of Sartre himself. Sartre attributes
great significance to the fact that Baudelaire's
father died when the poet was six years old
(Sartre's own father having died when he was
two). Between Baudelaire and his widowed
mother there grew up, Sartre suggests, a bond of
mutual adoration. Mme Baudelaire was at once
her son's idol and his comrade. He was indeed so
enveloped by her that he scarcely existed as a
separate person. And precisely because he was so
absorbed in a being who appeared to exist "by

necessity and divine right", the young Baudelaire was protected from all uneasiness. His mother was his Absolute.

But Baudelaire's mother remarried and the boy was sent to a boarding school. This, says Sartre, was the turning point in the poet's life. We must notice that Baudelaire was only seven when his mother remarried. (Sartre was twelve when his mother took that step.) As a result of his mother's remarriage, Baudelaire, Sartre suggests "was thrown into a personal existence". His Absolute had been taken from him. The justification for his existence had gone. He was alone, and in his solitude he discovered that life had been given him "for nothing". It was at this point also, according to Sartre, that Baudelaire made his mistake. The future poet concluded that he was destined to be "for ever alone". In fact, says Sartre, we may here discern the original choice of Baudelaire. Baudelaire decided to be (as he put it) *"éternellement solitaire"*. He did not discover solitude in his destiny; because, of course, for Sartre there is no such thing as destiny to discover. Baudelaire, in his freedom, chose solitude. He wanted it, because he wanted to feel unique.

Sartre notes how Baudelaire escapes from his feeling of *vertige* into literary creation. But the trouble is, says Sartre, that the poet does not extend his creativeness to the realm of moral values. Baudelaire simply accepts the bourgeois Catholic ethics of his mother and his step-father. The result, since he does not lead the life that the bourgeoisie approves of, is that Baudelaire is possessed by an acute feeling of sin. Sartre's argument is that if Baudelaire had rejected the parental moral code, and worked out a new morality of his own, he could have been saved. Sartre has further reproaches to address to Baudelaire. The poet's fault was not only that he resisted any kind of commitment, but that he resisted any kind of socialist commitment. First Baudelaire acquiesced in the morals of the bourgeoisie, and then he also acquiesced in the reactionary politics of the Second Empire. All the poet cared about, says Sartre, was to be "different". And Sartre contrasts this attitude with that of George Sand, Victor Hugo, Marx, Proudhon, and Michelet — the progressive writers of the nineteenth century who taught that the future could be controlled, and society changed for the better.

Baudelaire is one of the best written of Sartre's essays but it is undoubtedly also one of the cases where his puritanism becomes extreme. In what is supposed to be a piece of literary criticism, the thought that Baudelaire was a great poet is given hardly any consideration at all. Sartre fastens instead on Baudelaire's remark about a poem being an *"objet inutile"* (a useless object), as if this were the supreme truth. One has the impression, as Professor Philip Thody has said, that Sartre "would have preferred Baudelaire to have been a third-rate early socialist pamphleteer rather than a first-rate lyrical poet". But one must not be unfair to Sartre. Even in his most enthusiastic left-wing moments he has resisted the aesthetic prejudices of ordinary Marxists.

And in one of his latest works, an essay on Flaubert which has so far only appeared in his monthly journal *Les Temps Modernes,* Sartre has defended the great nineteenth-century novelist against conventional Marxist criticism. Sartre is as quick as any ordinary Marxist to classify and castigate Flaubert as a bourgeois. But this is only the beginning. What is more important about Flaubert, says Sartre, is not that his class was petit-bourgeois but what he did to rise above that class. Flaubert, as Sartre expresses it, "to escape from the petite bourgeoisie, threw himself across several fields of possibility towards the alienated objectification of himself and created himself ineluctably and indissolubly as the author of *Madame Bovary* and as the petit-bourgeois he refused to be".

Sartre gives Flaubert's career as an instance of the project - *le projet.* And this is an existentialist concept Sartre has often used before. It figures prominently in his principal work on ontology, *L'Etre et le Néant (Being and No-*

thingness), where the "project" expresses the way in which a person chooses his mode of living and creates himself in action.

Flaubert's project is that of creating himself as an objective being in the form of an author, or more precisely the author of *Madame Bovary* and other specific works. Sartre writes:

This project has a meaning. It is not simple negativity, the flight (from the petit-bourgeois predicament) — through it, the man aims at the production of himself in the world as a certain objective totality. It is not the pure and simple abstract choice to write that makes the nature of Flaubert, but the choice to write in a certain fashion so as to manifest himself in the world in a certain way — in a word, it is the particular meaning that he gives (in the framework of contemporary ideology) to literature as the negation of his original condition and as the objective resolution of his contradictions.

Sartre's argument is that "Man defines himself by his project". In other words, we each make ourselves what we are by what we do. No one has any *essence.* A man's being is the history of his achievement. The Flaubert we know is the one who wrote several remarkable books: if he had never written them then we should never have heard of Flaubert - or rather, the man we remember as Flaubert, would not have existed.

I think one cannot help sensing a certain contradiction between Sartre's attitude to Flaubert and his attitude to Baudelaire. Both those writers, after all, produced very substantial works; and Baudelaire's achievement was surely quite as much of a "project" as Flaubert's. The difference between the two cases is, quite simply, a political one. Neither Baudelaire nor Flaubert was a socialist. But Flaubert was against the *bourgeoisie,* whereas Baudelaire, as Sartre sees him, was really on the side of the conservative Catholic reaction. And insofar as Flaubert was a kind of social realist, exposing the follies and falsehood of *bourgeois* life, it is not difficult for Sartre to envisage Flaubert as an artist who is on the side of revolution.

And the word "revolution" is a key word in Sartre's whole way of thinking. It must be interpreted, I believe, as a development of another idea that was central to the theory behind his early work: that is the idea of conversion. Conversion is the salvation of the individual by means of a radical inward change or transformation, such as that which is experienced by Antoine Roquentin in the novel *La Nausée.* Revolution is the salvation of society as a whole by means of a radical change or transformation of the system. And revolution is the most conspicuous feature of what Sartre understands as socialism.

II

Philosophy and Action

I have spoken of Sartre's abiding interest in the notion of salvation, and the related ideas of conversion and revolution. He claims in his memoirs to have undergone a form of conversion himself: something that happened during the German Occupation, when Sartre met the Marxist philosopher Maurice Merleau-Ponty, and thanks to his influence was, as he puts it, "cured of his idealism". But clearly this was not a simple conversion. For while Sartre abandoned his old "idealism", and became passionately interested in practical problems and in politics, he did not adopt Merleau-Ponty's Marxism. It was some years before Sartre proclaimed himself an actual adherent of Marxism, and by that time he had worked out a reformulation of the theory which differs conspicuously from Marx's original doctrine.

No doubt it was not only the influence of Merleau-Ponty, but also the events of the war and the German Occupation, and still more of the Resistance movement, which stimulated Sartre's interest in the realm of the political. Before the war he had not been concerned with anything much besides the problems of individuals. His own life had been fairly uneventful. He did well enough at his school to pass into one of the great institutions of French learning, the *Ecole Normale Supérieure*. At the end of his student career he entered the competitive examination which opens the door of the teaching profession in France: the *agrégation;* and after failing in his first attempt he came top of the list in the second attempt. He studied existentialism in Germany. He became a philosophy teacher at several French provincial schools, published three or four philosophical books, and a very successful novel *La Nausée*. When the war broke out in 1939, he was aged 34, and called up for the army: but his bad eyesight gained him exemption from combatant duties. He served in the Maginot Line as a meteorological clerk, and was taken prisoner by the Germans in their invasion of France. After a year in a prison camp, he was repatriated on health grounds. He spent the rest of the war in occupied Paris, writing plays and essays and an occasional piece for the clandestine press. He made friends with a number of Communist and other Resistance groups and, at the end of the war, emerged as one of the leading intellectuals of the triumphant patriotic movement. He not only became a famous man himself, but he made existentialism famous.

Sartre was, of course, a man of the left, but he was not a Communist, and he has never been one. He was often very ready, and even eager, to accept the politics of the Communist Party; but he could not tolerate the philosophy of the Party. In this his attitude has never greatly changed. He started a literary review of his own *Les Temps Modernes* which was meant to be a forum for the Left — open to Communist and non-Communist writers alike. But Sartre's equivocal attitude to the Party led him into many impassioned disputes. He often criticised the Communist Party, but would spring to its defence if anyone else attacked it.

Sartre felt that what was wrong with Communism was that it rested on a wrong type of philosophy. Marxism was out-of-date and needed modernising. And in due course he set himself to provide such a modernised Marxism. The fullest statement of this theory is to be found in his *Critique de la Raison Dialectique (Critique of Dialectical Reason)* published in 1960. This is one of Sartre's Germanic works, long, diffuse, replete with technical language and jargon. Moreover, for all its 755 closely printed pages and numerous footnotes, it is only one volume of a longer projected work. No one has as yet ventured to translate more than parts of it into English.

Sartre's approach to the subject is not, as he explains, purely academic. The first part of the book appeared originally in a Polish journal in 1957, when "destalinisation" had become the order of the day, and the theory is consciously put forward as a destalinised philosophy for bewildered Communist intellectuals, and as a basis for reunion between such intellectuals and those of the Left who remained outside the Party: that is to say, as something to fill minds left painfully empty by Moscow's repudiation of Stalin's teaching, and as a theoretical foundation for a new united front against the bourgeoisie. This public-spirited purpose in no way detracts from the philosophical interest of the *Critique;* many of the best political theorists have had some such further motive; the philosopher and the polemicist are often the same man.

Sartre begins this book by paying the most lavish tributes to Marxism and making the most modest claims for existentialism. Indeed he says that whereas Marxism is one of the main philosophies of the world, existentialism is not even a genuine philosophy at all. Existentialism is merely an "ideology". But Sartre does not use the word "ideology" in Marx's sense. He provides his own Sartrian definition both of that word and of the word "philosophy". Philosophies, according to Sartre, are the great creative systems of thought which dominate certain "moments" or periods of history, systems which cannot be got beyond *(dépassé)* until history itself has moved on to another stage. Thus, in the seventeenth century, the philosophical "moment" was that of Descartes and Locke; at the end of the eighteenth and the beginning of the nineteenth century, it was the "moment" of Kant and Hegel; our own age is that of Marx. No philosophy could go beyond Descartes and Locke in their time, or Kant and Hegel in theirs; and no philosophy can go beyond Marx today. We are compelled, Sartre says, to think in Marxist terms, whether we choose to admit it or not.

Not content with thus exalting Marxism, Sartre is at pains to diminish existentialism, the mere ideology. Ideologies, in this Sartrian sense, are little systems which live on the edge of the great systems of thought, and which "exploit the domain" of the genuine philosophies. Since the present century falls within the Marxist epoch, existentialism "exploits the domain of Marxism". Existentialism, then, Sartre writes, is "a parasitic system which lives on the margin of a knowledge to which it was at first opposed, but into which it seeks now to integrate itself".

This is a decidedly original perspective. There is also something audacious about the very proposal that existentialism should "integrate it-self" into Marxism, for no two systems of thought could look more dissimilar. Two things, at least, would seem to offer insuperable ob-stacles to any fusion. First, existentialists believe in free will, libertarianism, indeterminism; and Sartre in particular has always put great emphasis on this. No theme is more marked and recurrent in all his work both literary and philo-sophical than that man is "condemned to be free". Marx, on the other hand, belongs to that tradition of philosophy which would banish the free will problem altogether. Freedom, for Marx is in Hegel's words "recognition of necessity". Marx holds, first, that all history is shaped and determined by the relations of production which spring from the inexorable laws of matter, and secondly, that men can master their destiny in so far as they understand those laws and consciously direct their action in accordance with them. Thus Marx does not admit any anti-nomy whatever between freedom and deter-minism. For Sartre, on the other hand, deter-minism is not only false, it is a form of *mauvaise foi,* or culpable self-deception, by means of which certain people evade their moral respon-sibility.

Next, there is the matter of individualism. Existentialists lay great stress on the isolation, the solitude, the "abandonment" of the indi-vidual; and no existentialist writer has stressed this more than Sartre, from his earliest novel *La Nausée* to his latest play *Altona*. But Marx regards individualism as a "delusion of theory" and holds that man's true nature is a social one.

Sartre does not shirk these contradictions. He believes they can be resolved. He suggests that the trouble lies in the fact that Marxism — orthodox Marxism — has become out-of-date, hidebound, dogmatic; it has lost its touch with humanity. This is where existentialism can help to renovate it; by "humanising" Marxism. Sartre goes on to make this curious prediction:

From the day that Marxist research takes on a human dimension (that is to say, the existential project), as the basis of its sociological knowledge, existentialism will no longer have a reason for being — absorbed, transcended and conserved by the totalising movement of philosophy, it will cease to be one particular theory, and become the basis of all theory.

Sartre insists that his quarrel is with the Marxists and not with Marx; indeed he gives an interpretation of Marx's essay on the Eighteenth Brumaire which suggests that Marx himself, in his most inspired moments, was an existentialist without realising it. Sartre's complaint about the Marxists is that they are lazy. Sometimes they are too metaphysical and sometimes too positivistic. Their thinking is old-fashioned, and often it is not thinking at all, but blind assent to authority.

Many of Sartre's criticisms of orthodox Marxists hit the nail on the head. He shows, for example, how shallow is the judgment of those Marxist literary critics who dismiss Valéry as a "petit-bourgeois intellectual". Sartre agrees. Valéry *is* a petit-bourgeois intellectual, but the important point is that "not every petit-bourgeois intellectual is a Valéry". Sartre also demonstrates the absurdity of the Marxist critical habit of bundling together such diverse writers as Proust, Joyce, Bergson and Gide as "subjective"; he shows that this category of the subjective is not empirically viable; it is not drawn from experience; it is not based on the study and observation of real men.

"Lazy Marxists", Sartre says, reveal their laziness not only in their unreflective use of categories, but in their tendency to constitute the real *a priori*. Just as Communist Party politicians use these methods to prove that what has happened had to happen, so Marxist intellectuals use it to prove that everything is what it was bound to be. And this, Sartre shrewdly observes, is merely a method of 'exposition' that teaches us nothing. It cannot teach us anything because it knows in advance what it was going to find out. Hence the need for giving Marxism a new method.

Sartre describes this new method which existentialism offers Marxism as "heuristic" that is to say, it is a method serving to discover truth; it is also, he says, "dialectic". Sartre asserts that whereas the lazy Marxist when confronted with any problem immediately refers to abstract principles, his own new method works by no other means than that of "cross reference" *(va-et-vient)* within the flux and movement of the real world. For example, Sartre's method would seek to explain the biography of individuals by an equally deep study of the epoch which shapes the individual and of the individual who shapes the epoch. He calls it the Progressive-Regressive method. It is progressive because it seeks part of the explanation in the aims of conscious beings; and it is regressive because it looks at the historical and social conditions in which each conscious being pursues his objectives. People have to be understood both in terms of their own aims and in the light of the circumstances which they formulate and seek to realise their aims. This has always been one of Sartre's central beliefs.

Consider the example of his play *Huis Clos (No Exit)* published as long ago as 1943. In this play the male protagonist Garcin tries to maintain that he has a noble and courageous nature in spite of the fact that he has done cowardly deeds, and then the *farouche* plain-speaking female character, Inès, tells Garcin that a man has no nature apart from his actions; his actions define him, so that a man whose behaviour is cowardly *is* a coward. The play is set in a modern version of Hell, which lies beyond the grave.

Garcin asks Inès "Is it really possible to be a coward when one has chosen the most dangerous way of life? Can you judge a whole life by one act? " Inès says: "You dream of heroic deeds, but in the moment of danger, you run away." Garcin claims that he did not just dream of heroism; he chose it. Inès asks for proof. "It is deeds alone which show what a man has willed", she tells him. Garcin replies: "I died too soon. I did not have enough time to do my heroic deeds." "One always dies too soon", Inès says, "or too late. And, now your life's finished. It's time to make up the account. You are nothing other than your life."

Garcin is an example of what Sartre calls *mauvaise foi*, self-deception or bad faith. And Garcin, in his bad faith, invokes the falsehood (as Sartre sees it) of essentialism to support his pretence that, although he has committed cowardly acts, he has a brave character or essence or soul. It is the mission of Inès to teach him the painful existentialist message that a man *is* what he *does*, and no more. Garcin has no essence to be brave. He is a coward because his deeds are cowardly. In this connexion we must not forget one point about *Huis Clos* — though it is one which Sartre's critics do sometimes forget — and that is that all the characters are *dead*. They are no longer free beings. Their lives are terminated, and so, although they have no essences, they do have complete biographies. Put in another way, they have no future; and they can have no more freedom. Garcin is thus damned in the sense that the possibility of his ceasing to do cowardly deeds and starting to do brave deeds, and thus of turning from a coward into a brave man, is ended. Since he is dead, it is, as Inès tells him, *too late*. He can no longer become a brave man. Death has closed the account. Sartre's placing *Huis Clos* in Hell is therefore no mere theatrical device. It is properly placed in Hell, because one of the central themes of the play is damnation. In this way, it explores the other side of the subject of salvation, which is examined in his first novel *La Nausée.*

In his *Critique de la Raison Dialectique (Critique of Dialectical Reason)* Sartre returns to this favourite theme of his. He says again that our only nature is our history: we are what we *do,* and what we do is what we choose to do. We are totally responsible for our actions; since as beings "condemned to be free" we could, if we had chosen differently, have acted differently.

In the *Critique,* Sartre speaks of "uprooting of oneself towards existence"; and by existence, he adds, "we do not understand a stable substance, which abides in itself, but a perpetual disequilibrium, an uprooting of the whole body.

And this drive towards objectification takes different forms in different individuals as each projects himself forward through a field of possibilities — of which he realises some to the exclusion of others. We call this Choice or Liberty."

I think it is clear even from this quotation alone that Sartre has retained the libertarian principle of existentialism and by no means assimilated the Marxist theory of necessity. So in spite of all that Sartre said at the beginning about Marxism being the true philosophy and existentialism being a mere ideology, it is obvious that a crucial part of the so-called integration between the two will have to be the surrender by the Marxist, and not by the existentialist, of one fundamental belief.

Then we might consider the other subject on which existentialism and Marxism are notoriously at variance: individualism. Existentialism as it is commonly understood, and certainly as it is expounded by Sartre, entails an extreme form of individualism, whereas Marxism has no more conspicuous feature than its rejection of individualism — its belief that man must be seen in terms of the social whole or common humanity. Sartre has attempted to resolve this antithesis by putting forward in his *Critique* a theory of society which he claims to be both Marxist and existentialist. How far can he be said to have succeeded?

Once again, Sartre makes free use of the kind of technical language which is favoured by Marxists. First, he invokes the notion of alienation. But Sartre, as we shall see, has a different theory of alienation from that of Marx. Whereas Marx saw alienation as the result of the exploitation of one man by another, Sartre sees alienation as an unalterable feature of the human predicament. Indeed Sartre's notion of alienation cannot be understood in purely Marxist terms. The words Sartre shares with Marx are words they have both borrowed from Hegel. Sartre's theory of alienation is an existentialised Hegelian concept, not an existentialised Marxist one. His alienation, already explained in *L'Etre et le Néant (Being and Nothingness)*, is *metaphysical*. Nevertheless he does not forget that his subject here is *sociology* as opposed to *ontology*; and that a fresh, and so to speak, specifically sociological reason has to be given for what he has always regarded as the fundamental characteristic of human relations — mutual antagonism.

This theory is developed in the most striking sections of the *Critique*. The principle Sartre introduces at this point is that of shortage or *scarcity*. Sartre says that all human history — at any rate, all human history hitherto — has been a history of shortage and of a bitter struggle against shortage. There is not enough in this world to go around, and there never has been.

And it is this *scarcity,* according to the *Critique,* which makes human relationships intelligible. Scarcity is the key to understanding the attitude of men to one another, and to understanding the social structures men have built up during their life on earth. Scarcity, says Sartre, both unites and divides us, because each one of us knows that it is only the existence of others which prevents there being abundance for oneself.

Scarcity then is "the motor of history". Men cannot eliminate scarcity altogether. In this sense, men are powerless or impotent. The best that any man can do is to try to overcome scarcity by collaboration with others. But such collaboration is itself paradoxical, for each of the collaborators knows that it is the existence in the world of others that makes scarcity. I am a rival to you, and you are a rival to me. When I work together with others to struggle against scarcity, I am working with those whose existence makes that work necessary; and by my work I nourish my competitors and rivals. Scarcity then, not only shapes our attitude to the natural world, but shapes our attitude to our neighbours. Scarcity makes us all rivals, and yet compels us to collaborate with our rivals; for being impotent alone, we can only struggle effectively against scarcity by the division of labour and other such joint endeavours.

Nature, however, is "inert" and indifferent to

human welfare. The world we inhabit is in part the world of nature and in part the world that has been made by our forebears in the course of their long struggle against scarcity. Sartre calls it the world of the *Practico-Inert*. The world is the world of *Praxis* in so far as it is a world shaped by the work and projects of its past and present inhabitants. This is the world to the extent that it is man-made. But the world is also the passive, or inert world of Nature on which man has had to work. Ironically, many of the things that men have done with the aim of making the world more bearable, with the aim of diminishing scarcity, have had the effect not of improving, but of worsening the world. Sartre gives the example of Chinese peasants cutting down wood to make fires and to build with; and doing this on so large a scale, that they effectively deforest their land, and so expose themselves to the hazards and disasters of constant floods. Men are tormented by their own inventions in the world of the *Practico-Inert*.

Thus, in a hostile universe, defined by scarcity, man becomes the enemy of man. In a typically Sartrian phrase, man becomes anti-man, *le contre-homme*. And in a paragraph which is dramatic enough to be a speech in one of his plays, Sartre writes:

Nothing indeed — neither wild beasts nor microbes — could be more terrible for man than this intelligent, flesh-eating, cruel species, which knows how to follow and outwit the human intelligence and of which the aim is precisely the destruction of man. This species is manifestly our own, as each of us sees it, in the other, in the context of scarcity.

The conflicts — or relationships of antagonism — between man and man are thus given an *economic* explanation in the *Critique*. We come next to a piece of "dialectic". Antagonism is negative reciprocity; but that negation is itself negated in the collaboration between neighbours which is necessary to overcome scarcity. This is Sartre's "dialectical" theory of the origin of society.

He distinguishes two forms of social structure; one which he calls the *series*, the other the *group*. The two are significantly different. A series is a collection of people who are united only by external proximity. It does not exist as a whole "inside" any of its members. The example Sartre gives of a series is a bus queue or line. This is a collection or gathering of people that can be observed. You can look at it, count the number of people in it. Everyone is there for the "same" purpose; but they do not have a *common* or collective purpose. No one is interested in the others. Because of the scarcity of seats in the bus, each wishes the others were not there. Each is superfluous, each is one too many.

But because everyone *knows* that he is one too many to the others, just as each of the others is one too many to him, all agree to take it in turn to get on the bus when the bus comes. They form an orderly series to avoid a fight on the platform of the bus. The forming of an orderly series like a queue is thus a negative reciprocal relationship which is the negation of antagonism; it is the negation of itself.

The people in the bus queue form a plurality of solitudes. And Sartre maintains that the whole social life of mankind is permeated by series of this kind. A city is a series of series. The bourgeoisie is a series of series, each member respecting the solitude of the others. But in human society, there is another kind of collection or gathering which Sartre recognises; and this is what he calls the group. A group is a collection of people who, unlike those in a series, *do* have a common objective or end. A football team is the example he gives. The difference between a group and series is inward. From the outside you cannot tell the difference. What makes a group is the fact that each member has committed himself to act as a member of that group. The group is held together, and therefore constituted, by commitment. Each member, as Sartre puts it, has converted his own individual *Praxis* into a common or social *Praxis*. The working class becomes a group when its members commit themselves to socialism. A group can get things done, whereas a series is impotent, since each member pursues only his own *Praxis*. And indeed it is precisely *because* the series is impotent that the group is constituted in the first place. The origin of the group, Sartre suggests, can be summed up in the discovery that "we must either live by working together, or die by fighting each other".

Scarcity again is the driving force, since it is scarcity, and scarcity alone which makes men work together for a common end. Scarcity is thus seen as the origin of the group. And in developing this thought, Sartre introduces three colourful notions: the pledge *(le serment)*, violence and Terror. Sartre explains that the group comes into being when each individual gives his pledge to become a member of the group, and not to defect from, or betray, the group. A group is thus defined as a *pledged* group. But the pledge must be enforced, and the members must be assured that it will be enforced. This is where violence and Terror come in. It is fear of violence which drives men to form groups in the first place, and it is fear that must keep them in these groups. The fear which keeps men in their groups is Terror. Indeed the pledge itself, says Sartre, is an invitation for violence to be used against oneself if one breaks one's own word; and the existence of Terror is an assurance that violence will be used against any other member of the group who tries to break his pledge.

All groups, says Sartre, are in constant danger of dissolving into seriality. Everyone is conscious of the threat of dispersion in himself and in others. Hence Sartre can say that "Terror is the statutory guarantee, freely called for, that none shall fall back into seriality". Terror indeed is more than this: it is "mortal solicitude", for it is thanks to Terror that man becomes a social being, created such by himself and by others. Terror is the violence that negates violence. Indeed Sartre goes so far as to say that Terror is fraternity. For Terror is the guarantee that my neighbour will stay my brother; it binds my neighbour to me by the threat of the violence it will use against him if he dares to be "un-brotherly".

The most important example of a group which Sartre gives is the state. The state, he says, "is a group which reconstitutes itself incessantly, and modifies its composition by a partial re-newal — discontinuous or continuous — of its members". Sartre argues that the group in fusion throws up leaders; later the group perpetuates itself by founding institutions. This is the basis of sovereignty. Authority is connected with Terror in the sense that the sovereign is the man who is authorised to exercise Terror. In a serial society, I obey because I have to obey. But in a state I obey myself because it is I, by my pledge, who have merged myself in the group and authorised the sovereign to command. Sartre does not, of course, fancy that every member of a state has actually given his pledge personally; he has been pledged *by proxy;* but the pledge is no less a pledge.

Now, Terror is not only fraternity; it is also liberty. For I freely merge my individual project in the common project when I pledge myself (or am pledged by proxy) to the state; and when the sovereign, fortified by Terror, commands me on behalf of the state, he is giving me back my freedom.

Such is Sartre's theory of social structures. How far can it be considered a Marxist theory? There is not much doubt that it is a thoroughly *Sartrian* theory, one which harmonises completely with the doctrine of human relationships put forward in 1943, in his chief work on existentialist philosophy *L'Etre et le Néant* or *Being and Nothingness,* and summed up by a character in his play *Huis Clos* with the remark "Hell is other people".* This theory is, briefly, the following: If I speak, I objectify myself in words. Those words, once uttered and heard by other people, become *things* in the external world. Other people can hear them, think about them, talk about them. My words are part of the furniture of *their* world.

*L'enfer, c'est les autres.

Sartre developed this theory fairly fully in his earlier exposition of existentialism, where he argued that relations between people are inevitably subject to mutual tensions, because each individual, acting towards others as an objectifying Other, robs others of their liberty. This is what leads Sartre in *Being and Nothingness* to say that all relations between men are forms of metaphysical conflict, which tend either towards the sadistic or towards the masochistic. Togetherness, harmony, love, the *Mitsein* is impossible; all relationships between men are relationships of conflict.

In the *Critique,* Sartre gives a new reason for this conflict; but the conclusion is the same. He still maintains that each individual is at war with all the others; and though social groups are formed, these groups are held together only by the pledge and Terror; they are in constant danger of relapsing in the individualistic condition of the series. But there is one great difference. Conflict is no longer seen as part of man's necessary predicament or condition. Conflict is contingent. It is the result of scarcity. Remove scarcity and you remove the circumstances that have turned man into anti-man. And Sartre believes that a socialist revolution directed towards the conquest of scarcity could bring about just this transformation.

Bourgeois society, in Sartre's language, is a

serial society — a series of series. But socialist society is a society of the group writ large. But a group, as he sees it, can never be a natural group. It can only come about as a result of a pledge: by a pledge that is enforced by Terror. Violence is thus for Sartre the basic feature of any social group. It would commonly be said that violence is a feature of a revolution or revolutionary movement. What distinguishes Sartre's position is his belief that violence is seen as a feature of any political grouping whatever. In calling for revolution, he does not think he is asking for the invasion of a peaceful society by an aggressive movement. Existing society is already permeated by violence, according to Sartre.

In a newspaper interview in 1962 Sartre said "For me the essential problem is to reject the theory according to which the Left ought not to answer violence with violence". It is interesting that he described this as the *essential* problem. The revolution Sartre believes in is one which answers the violence of bourgeois, capitalist, imperialist violence by the violence of a disciplined movement of liberation. He calls that violence "Terror": he does not shrink from that alarming name, but like Robespierre at the time of the great French Revolution, Sartre accepts it with a zeal and dedication that is almost religious.

III

Socialism and Revolution

Thirty years ago, when Sartre's first novel *La Nausée* was published, a review of it appeared in an Algiers newspaper by a very young French-Algerian journalist, who was afterwards to become famous, Albert Camus. It was not an uncritical review, but it marked the beginning of a friendship between the two writers, which was afterwards to be important for both of them, though it did not last. In the beginning, as his review of *La Nausée* shows, Camus accepted a part of Sartre's existentialist philosophy: he agreed that the universe was meaningless and that God did not exist. But Camus did not like what he afterwards called Sartre's "Germanic" qualities: his puritanism, his fanaticism, and his love of metaphysical systems. Camus believed in what he called a "Mediterranean" philosophy of joy in life, of love of the physical universe and warm human sympathy. This difference of temperament was what led in time to the break between the two writers.

They first met during the war, when Sartre, an older and more established author, took an interest in Camus and helped to promote his reputation. France at the time was under German occupation; Camus was one of the leading figures of the Resistance and editor of the clandestine newspaper, *Combat*. Sartre, who had been invalided out of the army, and could not participate in Resistance action, admired, even idolised, young Camus as a hero of the active and fully committed life. But when the war was over, both Sartre and Camus realised that their political attitudes were very different, even towards the war itself.

Camus felt that all war was evil; that the violence of the Resistance itself was evil; but that it was a necessary evil. Justice was, for Camus, the supreme good; and if justice could only be defended by force, then force was permissible; but it was never desirable; wherever possible, the way of non-violence should be chosen. And so, just after the war, Camus, who had fought so heroically in the Resistance, pleaded for universal peace, for clemency towards the collaborators who had been arrested, and for the total abolition of capital punishment.

Sartre argued on altogether different grounds,

that violence is an inescapable feature of political life. He looked on Camus as an idealist, a utopian out of touch with reality. Sartre, with his intense belief in free will also believed in retribution. He had no great desire to abolish capital punishment, least of all for fascists. Sartre's disagreement with Camus prompted him to return, in several of his works, to this theme of the necessity of violence.

His most effective treatment of it is to be found, I think, in his plays and especially in *Les Mains Sales,* literally *Soiled Hands,* but usually known in English as *Crime Passionnel.* In this play a young middle-class Communist, Hugo, is sent by the Party to kill one of its renegade leaders, Hoederer, who is making a pact with the Royalist and Liberal politicians in some Balkan country to resist the Germans. Hoederer is alleged to be selling out the workers to the old ruling class. Hugo, the appointed executioner, is a gentle idealist by nature, and ill-fitted by his upbringing to kill at point blank a man he knows. And though he tells himself that his scruples are only bour-geois inhibitions, Hugo cannot bring himself to do the job when the opportunity presents itself. A little later, however, Hugo sees Hoederer kissing his wife; then, in an access of jealousy, he finds it easy to shoot him. Afterwards Hugo discovers that communications with headquarters have been restored, and that Hoederer's policy of col-laboration with the Royalists and Liberals has become the Party Line. By then it is too late to undo what has been done, and a virtue has to be made of a necessity.

The irony of this story is so deadly that many people understood it, when it was first performed, as an anti-Communist play. But Sartre's intentions were not quite so simple. Indeed when he found that the play was being used as anti-Communist propaganda, he put a stop to its production. The most interesting character in the play, and the one by whom the author's sympathies are most clearly engaged, is Hoederer. Hoederer is the one who says what Sartre himself has to say. Now Hoederer says that a man can never be sure what is the right thing to do, but that a man must nevertheless act and take the responsibility for his actions. He tells Hugo that a man who does not want to take the risk of being wrong ought not to go into politics at all. When Hugo, in the purity of his Communist dogmatism, expresses disgust at Hoederer's plan for an alliance with the bourgeois political parties, Hoederer says to him:

How frightened you are of soiling your hands. All right, stay pure. Whom does it help, and why did you come to us? Purity is an ideal for a monk or a fakir. You intellectuals, you bourgeois anarchists, you use it as an excuse for doing nothing. Well, do nothing; stay put; keep your elbows to your sides; wear kid gloves. My hands are filthy.

I've dipped them up to the elbows in blood and muck. So what? Do you think you can govern and keep your soul white?

Here we are given an important insight into Sartre's own attitude to politics. Political action is depicted as being, of necessity, a struggle, and that struggle means violence and bloodshed. Hoederer does not want to be assassinated, but he doesn't object to assassination as such. Similarly, we may notice in Sartre's condemnation of the Soviet intervention in Hungary in 1956: he did not object to armed intervention in itself, but only to the kind of intervention which was injurious to socialism.

One of Sartre's most interesting essays in political drama is the scenario for a film which was never made, and which, though published in book form in both French and English, remains, I think, an undeservedly neglected work. It treats the same theme as *Les Mains Sales,* but in greater detail, and with perhaps a little more subtlety. The scenario which is called *L'Engrenage (In the Mesh)* depicts the career of a revolutionary leader, Jean, who comes to power at the head of the workers' party in a small Central American republic. Jean's country is on the frontier of a great capitalist nation, so that even as President, Jean cannot do what he wishes. He would like to nationalise the oil wells, as his party has promised, and as the people expect him to do, but he fears that if he does so the Great Power will intervene and crush his regime. His only hope is to wait until the energies of the neighbouring state are directed towards war elsewhere. In the meantime, Jean suppresses all democratic institutions in his own country as an emergency measure. But in the end, Jean is overthrown by his own left wing; who, when they come to power, find that they have to do exactly what he has done.

There are certain similarities between this character Jean and Dr. Castro of Cuba; and it was no surprise to see that Sartre became one of Castro's most eager foreign champions. But there are other points in *L'Engrenage* which are worth attention. There is a conflict of conscience between Jean and his pacifist friend, which is reminiscent both of the dispute between Hoederer and Hugo in *Les Mains Sales* and also of the argument in real life between Sartre and Camus. Lucien, the pacifist in *L'Engrenage* is less naive than Hugo; but his point of view is just as vigorously resisted.

Lucien says to Jean: "The first condition of being a man is to refuse all participation, direct or indirect, in an act of violence".

Jean listens to him, torn between friendly admiration for Lucien's integrity and the bitterness of his own experience.

"And what methods would you use? " he

asks.

"Everything possible. Books, newspapers, theatre..."

"But you are a bourgeois all the same, Lucien. Your father never beat your mother. He's never been flogged by the cops or sacked from a factory without an explanation or without notice simply because they wanted to reduce their staff. You've never suffered any violence. You can't feel it as we do."

"If you've suffered it", replies Lucien, "you've all the more reason for hating it". "Yes, but it's deep rooted in me."

One can readily imagine that *L'Engrenage* would have made a stimulating and successful film. But Sartre has always preferred to write for the stage; and he returned to some of the themes of *L'Engrenage* in one of his longest and most ambitious stage plays, *Le Diable et le Bon Dieu*, known in English as *The Devil and the Good Lord* or *Lucifer and the Lord*. It is set in Germany at the time of the Peasants' Revolt. The hero is Goetz, an illegitimate son of a nobleman, and one of several "bastard figures" who appear in Sartre's writings. Goetz is a fighting man who is inspired by the idea of setting up a peaceful Christian community or utopia. To begin with, he has some success; but the people who live in his model community are so imbued with the gospel of non-violence that they are unable to defend themselves against rapacious invaders, and the city is destroyed.

As a result of this experience, Goetz decides to abandon his utopian, religious dreams and return to his military trade. He says: "I want to be a man among men". And he explains what this means: that he must begin with crime:

Men of today are born criminals; I must demand my share in their crimes if I desire my share of their love and their virtue. I wanted love in all its purity. Ridiculous nonsense. To love a man is to hate the same enemy that he hates. So I will embrace your hatred. I wanted to do Good. Foolishness. On this earth and at this time, Good and Evil are inseparable. I agree to become evil in order to become good.

Goetz is offered the generalship of the peasants' army. He hesitates; then puts on the uniform, and promptly issues an order that all deserters will be hanged.

I told you I would be a hangman and a butcher. Don't be afraid; I shan't flinch. I shall make them hate me because I know no other way of loving them. I shall give them their orders, since I have no other way of being obeyed. I shall remain alone with this empty sky above me, since I have no other way of being among men. There is a war to fight, and I will fight it.

So *Le Diable et le Bon Dieu* ends. I believe it to be a work of the highest interest and dramatic intensity. In this play Sartre has given the argument for non-violence and peaceful change, a more sympathetic statement than he gives it in either *Les Mains Sales* or in *L'Engrenage;* and Goetz is presented as something rather less than a hero. The two sides are better balanced; and yet there is no doubt where the sympathies of the author lie.

Up to a point, we can see in this play a justification for Sartre's own attitude to Communism. For a defence of political ruthlessness can easily be read as a defence of Communist ruthlessness. But we must not put too much stress on this. Sartre's aim has not been to present the special problems of twentieth-century socialism; his subject, rather, is something which belongs to the whole of history, as he sees it. One might call his subject the politics of humanism; and the play's unmistakable message is that the politics of humanism must renounce the ethics of non-violence which belongs to the politics of religion and contemplation and quietism. The politics of humanism is the politics of *this* world; and because this world is so deeply touched with evil (the consequence, in Sartre's view, of scarcity), the only way of mastering evil is to be ruthless, to soil one's hands with crime.

Sartre said in February 1963: "If I were an

Italian I would join the Italian Communist Party". But this remark must not be taken to imply that what Sartre likes about the Italian Communist Party is its more liberal and democratic tendency, compared to that of the French Communist Party. What Sartre objects to in the French C.P. is not that it is too extreme, but that it is docile and conservative and subservient to Moscow; it is not revolutionary enough. Sartre is to the left of the Party. It is *he* who is the extremist. And this is what led to his famous quarrel with Albert Camus.

The two friends began to drift apart soon after the war, when the existence of labour camps in the Soviet Union was proved beyond any doubt. Camus asked Sartre to join in some form of protest against these camps, but Sartre refused on the grounds that to do so would be to lend himself to "Cold War" propaganda which the Americans were directing against Russia. Camus argued that in all this talk about propaganda and the Cold War, the simple human fact of the sufferings of the people in the Russian labour camps had become quite forgotten. Ideology, Camus felt, was destroying people's simple humanity.

This thought inspired Camus to write a book which really angered Sartre: *L'Homme Révolté* or *The Rebel*. In this book, Camus resumed his attack on fanatical political ideologies of all kinds. He placed Rousseau, Robespierre, the Romantic movement, Marx, and fascism in the same tradition. Against this "Northern" tradition of fanatical ideology, Camus pleaded for "Classical" or "Mediterranean" moderation, or *mesure*, and said that it was the mark of a true rebel that he would not accept any dogmas or prefabricated creed whatever. Camus ended his book by recommending a liberal type of welfare-state democracy, achieved not by revolution, but by a gradual process of reform.

Sartre attacked this as being nothing better than conservation or, at best, a form of quietism which lent itself to the cause of reaction. After the book was published, Sartre declared his friendship with Camus ended. Sartre believed, as he has believed for over twenty years, that the only hope for mankind lies in revolution; and moreover, that anything which falls short of revolution, or which has the effect of delaying the revolution, is a *betrayal*.

The word "betrayal" is important here, and its significance is all the greater when we remember Sartre's theory of society, to which I have already referred. Sartre regards the group as a social unit held together in brotherhood only by the threat of Terror against anyone who betrays his pledge of allegiance to the common aim. Hence, for Sartre, political opposition, even political dissent, readily assumes the aspect of treachery, or even treason.

The purges conducted by the Stalinist regime in Russia did not astonish Sartre; they seemed to him only too intelligible. Correspondingly, in recent years Sartre has been quick to justify the purges in Cuba and China. His attachment to Russia seems even to have grown cooler as the Russian leadership has become more moderate, more cautious, and more devoted to the idea of peaceful co-existence. Sartre does not believe in co-existence; and what is more, he claims that the West does not practise it. He sees the hand of American aggression everywhere; not only in Vietnam, but in other parts of Asia and in South America too. He wanted Russia to intervene in Vietnam on the side of the North, and Russia's unwillingness to do more than supply arms, disappointed Sartre. He detects a tendency towards bourgeois values growing in Russia; and he feels that the revolutionary spirit has been passed on to others, such as the Cubans and the Chinese and the guerrilla movements in South America.

Indeed, in recent years, Sartre has tended more and more to despair of Europe. He has been dismayed by the failure of the working classes in advanced industrial societies to enact the role assigned to them in Marx's theory — that of being the revolutionary class. Instead, such men are becoming more and more like the middle classes. But now Sartre feels he has discovered another revolutionary class, another proletariat: and that is the inhabitants of the underdeveloped countries of Africa, Asia and South America. These predominantly rural peoples, whom Marx himself considered of no political significance, Sartre now regards as the hope of the future. They are the "damned of the earth", the poorest, the most oppressed; and, for that very reason, they are the most suited to provide the mass impetus to revolution.

Just as Sartre's special hero during the German occupation was Albert Camus, the intellectual Resistance fighter, so in recent years, his special heroes have been men like Régis Debray, who joined the rural guerrilla forces in Bolivia, and Franz Fanon, a Black doctor from Martinique who joined the Algerian FLN in its fight against the French. Franz Fanon, before he died, wrote a book with the significant title *Les Damnés de la Terre (The Wretched of the Earth)*, and Sartre contributed an enthusiastic preface to it. Fanon attacked everything European, including Russia, and the Russian-dominated Communist parties; and Sartre did not join issue with him. He seemed equally to feel that Europe had been lost to the reactionaries, and that the revolution would have to find its homeland somewhere else.

For over twenty years Sartre has been a keen champion of the popular anti-colonialist movements of former French territories overseas. He was far ahead of the French Communist Party in these sympathies. Indeed he became so obsessed by the war in Algeria, that he virtually abandoned all literary writing for seven or eight years in order to concentrate on politics and political philosophy. After Algeria came the war in Vietnam, which also held a central place in Sartre's thoughts for several years. He had long been passionately anti-American. One of his best known plays *La Putain Respectueuse,* or *The Respectful Prostitute,* is simply an attack on American racialism — an attack which is perhaps rather weakened by the very intemperate spirit of the author. In an interview in November 1966 Sartre said: "Opposition to the Atlantic Pact ought to be the chief criterion of a politics of the Left." He explained this by saying:

The world is not dominated by two great powers, but by one: the United States. And peaceful co-existence despite its positive attractions, really serves the interests of the USA. It is thanks to co-existence, and the Sino-Soviet dispute, which is largely a consequence of co-existence, that the Americans can bomb Vietnam in all tranquility.

The fact of the matter is that Sartre is very individualistic in the positions he adopts on political matters. He believes in Party discipline and strict controls, but he will not allow anything outside himself to govern his own decisions. Typical of this is Sartre's refusal to appear on French television, because of its being a state monopoly; his refusal of the Nobel Prize, which Communists like Quasimodo in Italy were quick to accept; and Sartre's refusal to accept a professor's chair at the government controlled Collège de France. He also follows a distinctly unusual line on the subject of freedom for writers. He refused to sign the appeal for clemency for Pasternak's friend, Madame Ivanskaya, when she was jailed in the Soviet Union; but he made a vigorous protest against the imprisonment of the Russian writers, Sinyavsky and Daniel.

Clearly Sartre belongs to the tradition of Voltaire, or indeed to the Protestant tradition of personal witness. When the Swedish Academy offered him the Nobel Prize in 1964, the committee expressed their appreciation of Sartre's devotion to the idea of freedom. Sartre in his reply pointed out that freedom to him meant something very different from what it meant to the Swedes. Sartre wrote:

Freedom is a word that lends itself to numerous interpretations. In the West it is taken to mean abstract freedom. But to me it means a more concrete freedom — the right to have more than one pair of shoes and to eat when hungry. There seems to me less danger in declining the Nobel Prize than in accepting it. To accept it would be to lend myself to what I would describe as an 'objective salvage operation'. I read in the Figaro Littéraire *that my controversial political past should not be held too much against me. I realise that this article does not express the opinion of the Swedish Academy. But it clearly indicates the interpretation that would have been put upon my acceptance of the Nobel Prize in certain right-wing circles. I regard this 'controversial political past' as still valid, even though I am entirely ready to admit to my comrades the past mistakes that I have made. I am not implying that the Nobel Prize is a bourgeois prize; but I know the bourgeois interpretation that would inevitably be given if I had accepted the prize.*

Sartre's reference in this paragraph to "concrete freedom" should not be taken to mean that this is the *only* sense in which he uses the word "freedom". For he has always believed equally in metaphysical freedom or what is sometimes called the freedom of the will. This everybody has, because it is part of the human condition. We are all free agents, responsible for what we do. It is this kind of freedom which makes "commitment" a logical necessity. Sartre once uttered the unforgettable paradox that Frenchmen were never more free than under the German Occupation. Here, of course, he was not talking about concrete freedom, but about metaphysical freedom. What he meant was that the German Occupation drove Frenchmen to that extreme limit where they were most acutely conscious of themselves as men with free will and moral responsibility.

Sartre's notion of concrete freedom, on the other hand, is substantially an economic one. To be free is to be free from bondage to natural necessity, free from hunger, poverty, misery, want. And this concept is closely tied to Sartre's basic sociological notion, that scarcity, or shortage, has been the decisive factor in shaping all men's social relationships, all our history hitherto.

Sartre's theory of a committed literature has hardened over the years. Ten years ago he was still sympathetic enough to purely literary innovation to write an enthusiastic preface to an experimental novel by Nathalie Sarraute. But five years later, when he was asked what he thought of a book by one of Madame Sarraute's fellow practitioners of the New Novel, Sartre said: "Do you think I can read Alain Robbe-Grillet in an underdeveloped country?" Sartre went on to offer the writer two alternatives, "two choices in the world of hunger we live in". The first was to give up writing altogether to join in the struggles of underdeveloped peoples by doing some kind of practical work. The second was to "prepare for the time when everyone will read by presenting problems in the most radical and intransigent manner".

It is worth remembering that Sartre's cousin, Albert Schweitzer, once expressed sentiments very similar to these, and, choosing the first alternative, forsook the vocation of a scholar and went to work as a medical missionary in Equatorial Africa. Why does Sartre's reasoning not carry him in the same direction? Presumably because he feels that such work would be purely philanthropic; while he, with his special gifts and influence, can be of more use writing books which, as he puts it, present problems in the most radical and intransigent manner.

It is a long time since Sartre wrote a play, and even longer since he wrote a novel. True, he has written a short autobiographical work, *Les Mots,* or *Words,* which came out in 1963, and a critical essay on *Flaubert,* which appeared in serial form in 1966. But his most substantial work in the past ten years has been his *Critique de la Raison Dialectique (Critique of Dialectical Reason),* of which so far only the first volume has been published.

In this book Sartre comes before us as a philosopher in the manner of Socrates, as one who frankly assumes the duty of telling men how to live and think. Simone de Beauvoir in her memoirs tells us something of the effort it has cost Sartre to produce this vast work. She is well qualified to speak, since without actually marrying Sartre, she has been his partner in life for over forty years. Simone de Beauvoir tells us that Sartre used to sit up for most of the night, keeping himself awake with coffee and pills, for months at a time, in order to write his *Critique.*

Sartre has always taken to heart his own doctrine that every man is responsible for everything he does; and he has an acute sense of the responsibility that he himself bears as a writer whose words are listened to by a large public, and who is looked on as a kind of leader by a great many young intellectuals all over the world. He has tried to use this influence to make liberal intellectuals more socialist, and socialist intellectuals more human.

We may even detect a certain analogy between Sartre and the religious reformers of the sixteenth century. They wanted to restore to Christianity, grown worldly and rather tired, its primitive zeal for personal salvation. Sartre believes, in much the same way, that socialism has lost its purity and sense of purpose. He does not shrink from what Albert Camus called "fanaticism". On the contrary, Sartre believes that such a fervour is just what is most needed in the world today. And although he thinks that "the damned of the earth" will be the first to find salvation, he also believes, like Savonarola and Calvin and Lenin, that intellectuals have a special mission to speed the deliverance of these simple people.

I would not myself claim that Sartre is the greatest philosopher of the twentieth century. For that is the kind of claim that tends to be made for men like Bertrand Russell and Wittgenstein, who specialise in a more academic type of philosophy. But I am sometimes tempted to agree with the view, which I have heard suggested, that Sartre is the *only* philosopher of the twentieth century; if by the word "philosopher" we mean someone like Plato or Rousseau or Hegel, a thinker who is intensely and centrally concerned with the meaning of life and the human predicament. Philosophers like Wittgenstein and Russell, indeed most modern philosophers of the Anglo-saxon empirical school, are concerned only with the problems of truth and knowledge in a very abstract sense. Sartre is right to claim that he is equally concerned with the concrete.

As a system builder, he has none of the majesty of a Plato or a Hegel; his place is closer

perhaps to Rousseau, or to Rousseau's contemporary, Voltaire; that is to say among other
things, that Sartre is an immensely *imaginative*
philosopher, and also an extremely sensitive one.
So quite naturally his ideas have often found
expression in works of fiction and drama, and
there is no conflict, or even any gap, between
the literary and the theoretical work. His turning
away from the literary towards the theoretical in
recent years is to be seen as a sign of a growing
austerity, and perhaps also of a growing impatience.

In the last play Sartre wrote, *Altona*, one of the
characters says: "I have existed, I have taken the
century on my shoulders, and have said 'I will
answer for it. This day and forever.'"

Sartre himself has undoubtedly "taken the
century on his shoulders" in a way that no other
philosopher, no other writer has done. I myself
disagree with his views more often than I agree
with them, but I have a great respect and admiration for him, precisely because he undertakes
to do what no one else seems to want to do.
Sartre's moral sensibility, which is almost religious, is matched by an intelligence which is
utterly rationalistic. Simone de Beauvoir once
spoke of him being held by *une tension constante*,
and that constant tension is surely one secret of

Sartre's distinction as a philosopher. Albert Camus may well have been right in thinking that a more relaxed and appreciative attitude to life is conducive to personal happiness; but I suspect that Sartre's kind of zeal and intensity is necessary to a philosopher who really wants to change things, especially one who wants to change them as radically as Sartre does, and bring about a transformation which deserves the name of "Revolution".

Bibliography

Camus, Albert, *The Rebel*. New York, Random House, 1954.

Fanon, Franz, *The Wretched of the Earth,* with a preface by J.-P. Sartre. London and Baltimore, Penguin Books, 1967.

Flaubert, Gustave, *Madame Bovary*. New York, Odyssey Press, 1966.

Sartre, Jean-Paul, *Baudelaire*. New York, New Directions. 1950.

Sartre, Jean-Paul, *Being and Nothingness*. New York, Citadel Press, 1965.

Sartre, Jean-Paul, *The Condemned of Altona*. New York. Knopf, 1961.

Sartre, Jean-Paul, *The Devil and the Good Lord*, and *Two Other Plays*. New York, Knopf, 1960

Sartre, Jean-Paul, *In the Mesh (L'Engrenage)*. London, Dakers, 1954.

Sartre, Jean-Paul, *Kean*, or *Disorder and Genius*. London, Hamish Hamilton, 1954.

Sartre, Jean-Paul, *Nausea*. New York, New Directions, 1949.

Sartre, Jean-Paul, *No Exit (Huis Clos) and Three Other Plays (Flies, The Dirty Hands, The Respectful Prostitute)*. New York, Random House, 1960.

Sartre, Jean-Paul, *Paths to Freedom:*
1. *The Age of Reason*. New York, Knopf, 1947.
2. *Reprieve*. New York, Bantam, 1968.
3. *Troubled Sleep*. New York, Bantam, 1968.

Sartre, Jean-Paul, *Saint Genet: Actor and Martyr*. New York, Braziller, 1963.

Sartre, Jean-Paul, *Search for a Method*. New York, Knopf, 1963, translation of the basic chapter from *Critique de la Raison Dialectique*.

Sartre, Jean-Paul, *What is Literature?* New York, Philosophical Library, 1949.

Sartre, Jean-Paul, *Words*. New York, Braziller, 1964.

Bibliographie

Camus, Albert, *L'Homme Révolté*. Paris, Gallimard, 1948.

Fanon, Franz, *Les Damnés de la Terre*. Paris, F. Maspero, 1961.

Flaubert, Gustave, *Madame Bovary*. Paris, Charptier, 1882.

Sartre, Jean-Paul, *Les Chemins de la Liberté:*
1. *L'Age de Raison*. Paris, Gallimard, 1945.
2. *Le Sursis*. Paris, Gallimard, 1945.
3. *La Mort dans l'Ame*. Paris, Gallimard, 1949.
4. Deux chapitres d'un quatrième volume projeté, ont été publiés, sous le titre "Drôle d'amitié", dans *Les Temps Modernes,* nov. et déc., 1949.

Sartre, Jean-Paul, *Critique de la Raison Dialectique.* Paris, Gallimard, 1960.

Sartre, Jean-Paul, *Le Diable et le Bon Dieu*. Paris, Gallimard, 1951.

Sartre, Jean-Paul, *L'Engrenage*. Paris, Nagel, 1946.

Sartre, Jean-Paul, *L'Etre et le Néant*. Paris, Gallimard, 1943.

Sartre, Jean-Paul, "Flaubert: Du Poète à l'Artiste", Paris, *Les Temps Modernes,* vol. 22, août, 1966.

Sartre, Jean-Paul, *Huis Clos*. Paris, Gallimard, 1947.

Sartre, Jean-Paul, *Kean,* ou *Désordre et Génie,* (une adaptation d'une pièce d'Alexandre Dumas). Paris, Gallimard, 1954.

Sartre, Jean-Paul, *Les Mains Sales*. Paris, Gallimard, 1948.

Sartre, Jean-Paul, *Les Mots*. Paris, Gallimard, 1947.

Sartre, Jean-Paul, *La Nausée*. Paris, Gallimard, 1938.

Sartre, Jean-Paul, *La Putain Respectueuse*. Paris, Gallimard, 1947.

Sartre, Jean-Paul, *Qu'est-ce que la Littérature?* Paris, Gallimard, 1948.

Sartre, Jean-Paul, *Les Séquestrés d'Altona*. Paris, Gallimard, 1960.

SARTRE

MAURICE CRANSTON

Titulaire de la chaire de sciences politiques à la *London School of Economics* depuis 1968, MAURICE CRANSTON eut, en 1965, l'occasion d'enseigner à l'Université Harvard en qualité de professeur invité. Il séjourna à nouveau dans cette institution renommée au cours de l'été 1969. Par ailleurs, M. Cranston est bien connu des radiophiles de la B.B.C. et du réseau anglais de Radio-Canada, grâce aux nombreuses conférences qu'il donna sur les ondes de ces stations.

Le professeur Cranston est l'auteur d'une douzaine de volumes, parmi lesquels on remarque une *biographie de John Locke,* un livre sur *John Stuart Mill,* deux ouvrages intitulés *What are human rights?* et *Western political philosophers* ("Que sont les Droits de l'homme?" et "Les philosophes politiques occidentaux"), ainsi qu'une traduction du *Contrat social de Jean-Jacques Rousseau,* précédé d'une introduction.

L'ouvrage que Maurice Cranston publia, en 1963, sous le titre de *Jean-Paul Sartre,* traitait principalement de l'oeuvre littéraire du philosophe et écrivain français. Le présent ouvrage, loin de passer sous silence l'esthétique des lettres de Jean-Paul Sartre, insiste particulièrement sur les aspects biographique, philosophique et politique de l'oeuvre du célèbre théoricien de l'existentialisme.

LA QUINTESSENCE DE SARTRE

MAURICE CRANSTON

*Professeur de la science politique,
London School of Economics, Londres,
Angleterre.*

Traduit par C. Berloty

HARVEST HOUSE

LA QUINTESSENCE DE SARTRE

ISBN 0-88772-110-9 (broché)
ISBN 0-88772-111-7 (relié)

Pour renseignements,
veuillez vous adresser à
Harvest House Ltd.
1364 Avenue Greene, Montréal
Imprimé au Canada,
Par Imprimerie Electra Limitée
Montréal

Ces conférences furent données en 1968, par le professeur Maurice Cranston au programme "Ideas" au réseau de Radio-Canada sous le titre *Marxism and Existentialism*.

CETTE SERIE COMPREND AUSSI :

W. F. Mackay, *Le Bilinguisme Phénomène Mondial* (1967).

W. J. Eccles, *La Société canadienne sous le Régime français* (1968).

Table des matières

I

Littérature et Engagement

Lorsque le prix Nobel fut offert à Jean-Paul Sartre en 1964, il le refusa et dit, entre autres choses, qu'un écrivain ne devait jamais se laisser ériger en "institution": il devait affronter le monde en tant que simple écrivain et non comme académicien ou lauréat d'un prix. Sartre a toujours refusé les honneurs, exactement comme le firent Bernard Shaw, H.G. Wells et Rudyard Kipling; tous trois appartenant à une époque qui avait une plus haute idée des écrivains que la nôtre, époque où les écrivains avaient une dignité, une autorité et une grandeur qui leur étaient propres. Sartre semble être presque le dernier de ce type d'hommes de lettres immensément influent: son nom résonne à travers le monde entier et sa voix ne craint pas de proclamer ce qu'il pense des problèmes politiques, moraux, sociaux et culturels de son temps. Plus

peut-être que tout autre homme de sa génération, Sartre a défendu le droit pour un artiste
d'être un moraliste. Plus exactement, il a toujours soutenu que l'artiste qui est pleinement
conscient de sa place dans l'ordre des choses *doit*
être moraliste.

L'expression que Sartre a rendue célèbre "la
littérature engagée" est devenue de plus en plus
pour lui une définition de la littérature en tant
que telle. Toute littérature non "engagée" n'est
pas une littérature du tout. Et, il y a un an ou
deux, il est allé jusqu'à dire qu'un écrivain dont
le travail n'aiderait en rien le genre humain dans
ses difficultés présentes ferait mieux de s'arrêter
complètement d'écrire. Sartre suggéra même que
s'il avait été africain, il aurait cessé d'être écrivain pour devenir un maître d'école ou faire tout
autre travail pouvant aider à résoudre les problèmes pratiques d'un pays sous-développé nou-
vellement libéré.

J'ai toujours trouvé une profonde signification au fait que Sartre soit le cousin du grand
missionnaire alsacien Albert Schweitzer. En
effet, c'est un peu la même importance de l'idée
du salut, le même sentiment intense du devoir
social, le même mépris pour les biens matériels,
la même droiture brutale, honnête, presque calviniste que l'on retrouve chez Sartre. Je pense
que Sartre peut être appelé puritain à cause de
cette austérité, de ce grand sérieux moral et aussi

parce que son oeuvre a toujours été marquée par un profond dégoût pour le monde visible de corruption et de folie.

Son premier ouvrage avait un titre juste et frappant *La Nausée*. Il fut publié en 1938. Sartre avait alors trente-trois ans. Ce n'était pas son premier livre car il avait déjà écrit deux ou trois monographies sur la philosophie. Et, bien qu'il ne fut pas encore sorti du rang des professeurs de philosophie de lycée de province, qu'il n'ait pas encore passé le doctorat ou assuré un poste à l'université, ses ouvrages philosophiques lui assurèrent un certain renom. Il était devenu un des principaux représentants en France de ce qui était alors une école spécifiquement allemande de philosophie: l'existentialisme. Ayant grandi dans une famille alsacienne, Sartre a toujours parfaitement parlé l'allemand et il est redevable beaucoup plus aux penseurs allemands tels que Hegel, Heidegger et Husserl qu'à n'importe quelle école française de pensée. En fait, le point de départ de Sartre dans la philosophie fut son refus de l'enseignement du philosophe qui est au centre de la tradition française: Descartes.

Alors que Descartes croyait que l'on pouvait démontrer par la raison que l'univers était un système ordonné créé par Dieu, Sartre a toujours soutenu que l'univers n'est pas du tout un système rationnel et que Dieu n'existe pas. Sartre est un athée. Mais il ne s'agit pas pour lui d'un athéisme facile à la manière de David Hume ou du Baron Holbach et de tous les autres philosophes matérialistes du dix-huitième siècle. La non-existence de Dieu — et Sartre en parle de façon dramatique — comme la "mort de Dieu" est un très grave sujet pour Sartre. La nature irrationnelle (privée de raison) de l'univers l'horrifie.

Dans son autobiographie, *Les Mots,* Sartre confesse que la passion de la connaissance métaphysique s'empara de lui très jeune. Son père, ingénieur dans la marine, mourut d'une fièvre tropicale alors que Sartre n'avait que deux ans et le jeune enfant fut élevé dans la maison de son grand-père, Charles Schweitzer, alsacien, protestant et professeur de langue.

Sartre a parfois décrit sa propre condition comme celle d'un orphelin ou d'un "faux bâtard". Il a pris pour héros de ses livres des bâtards réels, comme Edmond Kean dans sa pièce *Kean* ou Goetz dans sa pièce *Le Diable et le Bon Dieu* et il a développé une théorie élaborée de l'illégitimité sur l'écrivain ex-criminel, Jean Genêt, qu'il appelle "Saint-Genêt". Cependant, une chose est absolument claire, c'est que Sartre n'a pas été privé du "personnage du père" dans son enfance. Son grand-père tint le rôle du père, on pourrait même penser qu'il le tint avec exagération car Charles Schweitzer avec sa présence massive, son regard étincelant, son abondante barbe blanche ne ressemblait à rien autant qu'aux images populaires de Dieu au dix-neuvième siècle.

Charles Schweitzer dirigeait sa maison durement. La mère de Sartre, veuve, était traitée, nous dit-il, "comme une fille non mariée qui aurait eu un enfant". Elle ne jouissait d'aucune considération au sein de la famille. Sartre, lui, était heureux de la situation — sa mère lui appartenait. Aucun père, aucun frère, aucune soeur n'était là pour lui "disputer sa possession". L'amer apprentissage de la jalousie lui fut épargné. Il n'eut, nous dit-il, aucune expérience précoce de la haine et de la violence. On peut alors se demander à juste titre, pourquoi la haine et la violence en arrivèrent à jouer une si large part dans ses oeuvres — non seulement dans ses romans et ses pièces avec tous ces coups de feux et ces tortures, mais également dans ses livres de théologie — dans *l'Etre et le Néant* où il dit que toutes les formes de relations humaines sont des formes de conflit et dans la *Critique de la Raison Dialectique* où il affirme que tous les rassemblements humains se font à partir de la peur, de la violence et de la terreur. Il semble qu'il était si étranger à la haine et à la violence dans son enfance, que, lorsqu'il rencontra effectivement ces choses, l'impact l'ébranla.

Sartre était un enfant solitaire, mais à partir du moment où il sut lire, les livres emplirent sa vie et donnèrent à cet enfant sans compagnon un moyen de vivre par l'imagination. Et ce fut dans les livres que Sartre apprit le monde. Mais bien sûr, comme lui-même le fait remarquer, le monde que l'on apprend à travers les livres est un monde ordonné, assimilé, classifié, étiqueté, systématique. Le fait d'avoir appris le monde de cette façon fut cause, pense Sartre, de cet "idéalisme" dont il mit trente ans à se départir. Nous pouvons voir là, clairement le lien avec le thème de son premier roman, qui est peut-être le meilleur, *La Nausée*. Roquentin, le personnage principal de *La Nausée* aspire à un univers parfaitement harmonieux et aussi valable que celui de Descartes, de Leibnitz ou de Newton. Il est littéralement dégoûté de l'univers empirique et visible qui n'est que contingence, gâchis et absence de but. Ce n'est qu'à la fin du livre que le héros trouvera le chemin qui lui permettra de se réconcilier avec la vie telle qu'elle est. Et cela, sans aucun doute a été le problème de Sartre: se guérir de cette soif métaphysique acquise au moins en partie, de cette façon d'apprendre le monde par les livres plutôt que par l'expérience.

Une autre chose que Sartre nous révèle dans son autobiographie, c'est qu'il ne goûtait pas le don de la vie. Il considérait sa naissance comme un enfer nécessaire. La mort devint ce qu'il appelle son "vertige", elle possède pour lui un double pouvoir de fascination et de terreur précisément parce qu'il n'aime pas la vie. Dans ses premières fantaisies d'héroïsme, la mort était

unie à la gloire. Il désirait la mort et la craignait.
Sartre suggère que cette ambivalence est à la
base de la plupart de nos plus profondes intentions; les projets et les évasions sont insépara-
blement liés. Chez lui, "la folle entreprise"
d'écrire était un moyen d'obtenir quelque excuse au fait d'être en vie. Écrire était son salut
en ce sens qu'il trouvait là quelque excuse au
péché de vivre.

Beaucoup de ce que Sartre nous révèle sur
lui-même dans son autobiographie est exprimé
dans un langage tiré de la religion, mais semble
néanmoins appartenir à l'histoire d'une recherche de la grâce. Tout ce qu'il nous raconte
de sa désaffection pour ses semblables, pour la
vie et le monde visible ressemble à la première
partie de la biographie d'un homme qui trou-
verait ensuite son accomplissement dans la contemplation du monde invisible et l'amour de
Dieu. En effet, Sartre admet qu'il aurait pu trouver Dieu. Son grand-père, fils d'un calviniste
était anti-clérical, il avait une foi intermittente;
sa grand-mère avait un caractère paisible et scep-
tique. Mais la mère de Sartre était croyante. Elle
trouvait une consolation secrète dans la religion
et elle envoya Sartre s'instruire chez un prêtre
catholique. Le jeune Sartre disait ses prières. Il
éprouva même une fois la sensation de la présence de Dieu, puis, sa foi disparut. Elle était,
dit-il, une "vocation perdue".

Le premier existentialiste, Kierkegaard, était un chrétien passionné et le but de son existentialisme était de suggérer que l'on ne pouvait jamais faire dériver la preuve de l'enseignement chrétien d'arguments rationnels sur la nature de la création, mais que, dans son angoisse solitaire, le pécheur séparé de Dieu en faisait quelquefois l'expérience. Même à notre époque sans religion, il existe encore des millions de personnes pour qui la pensée de vivre dans un monde dépourvu de "Père Céleste" serait intolérable. Sans Dieu, ces êtres seraient dans les ténèbres.

Le héros du premier roman de Sartre est de ceux-là. Pour Antoine Roquentin, la pensée de vivre dans un univers qui ne présente pas un système rigide et prévisible obéissant à des lois inexorables est une pensée terrifiante. Sartre est un athée qui comprend la soif de Dieu qu'é-prouvent les hommes et il leur enseigne qu'ils doivent apprendre à vivre sans jamais la satisfaire.

Dans *La Nausée* le héros de Sartre passe ses jours dans l'anxiété, tourmenté par le dégoût et par une appréhension profonde. Dans ses angoisses, Roquentin devient conscient de tout ce que l'univers présente d'imprévisible. Mais, lorsqu'il opère le passage de sa crainte à la cause de sa crainte, il prend conscience de nouvelles réalités. Si la contingence est le seul absolu, elle est le seul don parfaitement gratuit. "Tout est gratuit", se dit-il, assis sur un banc dans le parc d'une triste ville française, "ce parc, cette ville et moi-même". Alors, la liberté n'est pas quelque chose que l'on trouve en fuyant l'engagement, elle est déjà là, dans l'univers, dans la propre conscience d'exister de chacun.

Ceci est un autre des grands thèmes de Sartre, peut-être même le plus important. Si l'homme est libre, il en résulte qu'il est responsable de chacun de ses actes. Il n'est pas seulement un rouage dans une machine, une créature de circonstance ou de destinée, une marionnette ou un robot. Un homme est tel qu'il se fait, et lui seul est responsable de son avenir. A la fin du roman, Roquentin a une nouvelle illumination décisive. Ce moment est peut-être celui de sa conversion. Il a un disque préféré, un air de jazz américain "Some of these days" (Un de ces jours); une serveuse dans un bistro met ce disque sur le *juke box* pour lui. Tandis qu'il l'écoute, des images passent dans son esprit. Il imagine un musicien juif dans un appartement chauffé de New York trouvant une raison de vivre en créant ce simple petit air. Il se dit alors: "Si lui, pourquoi pas moi? Pourquoi ne pourrai-je pas, moi, Antoine Roquentin, me faire une raison de vivre, donner un sens à ma vie en créant quelque chose? En écrivant? Si oui, le livre devra être quelque chose créé par Antoine Roquentin lui-même." Et ainsi, il décide d'écrire un roman. Il se dit:

Naturellement, ça ne sera d'abord qu'un travail ennuyeux et fatigant, ça ne m'empêchera pas d'exister ni de sentir que j'existe. Mais, il viendrait bien un moment où le livre serait écrit, serait derrière moi et je pense qu'un peu de sa clarté tomberait sur mon passé. Alors peut-être que je pourrai, à travers lui, me rappeler ma vie sans répugnance (La Nausée, Gallimard, Paris, 1960, p. 222).

Ainsi finit *La Nausée.* C'est un livre merveilleux. Bien que les problèmes du héros soient dramatisés, le livre est conduit avec une logique impeccable. Toutes les étapes de la prise de conscience de Roquentin se suivent rationnellement. Tout est merveilleusement ordonné et dans ce sens, comme dans d'autres aussi, *La Nausée* est vraiment le roman d'un philosophe. Par endroits, le roman est étrangement troublant car Sartre nous fait non seulement voir mais aussi éprouver ce qu'on ressent à être Roquentin traversé par cette crise dans sa vie.

Comme je l'ai dit, Roquentin trouve un but à sa vie: dans l'art, en écrivant un roman. La morale de *La Nausée* est que chacun doit trouver sa propre raison de vivre, mais évidemment Sartre pensait personnellement à ce moment de sa vie que le salut était dans l'art. Son attaque contre la vie non-engagée est menée à fond dans ce premier roman, mais son concept de l'engagement n'entre pas encore dans un contenu politique

déterminé. *La Nausée* est un roman existentialiste, mais nulle part on ne peut y reconnaître
l'oeuvre d'un socialiste.

En effet, Sartre a dit dans ses mémoires qu'il
s'était "converti" à la politique durant l'occupation allemande en France, largement influencé
par le philosophe marxiste Maurice Merleau-
Ponty. Durant les années 1930, Sartre se considérait comme un socialiste, mais il ne ressentait
pas le besoin de prendre une part active à la
politique. Aux élections générales de 1935,
lorsque le gouvernement du Front Populaire fut
élu, Sartre ne prit même pas la peine de voter. Il
sentait vaguement que le socialisme arrivait, sans
qu'il y soit pour quoique ce fût. Sa notion d'engagement était morale plutôt que politique.

Cependant, un des aspects de la crise générale
des années 1930 et 1940 était que le problème
moral essentiel de cette époque devenait de plus
en plus inséparable des problèmes politiques, et
Sartre a toujours été un écrivain possédant un
sens aigu de l'immédiat, du contemporain. Son
second roman fut un ensemble de trois volumes
appelés *Les Chemins de la Liberté* qui retraçait
l'expérience d'un homme de l'âge de Sartre, suivant les évènements de France à l'époque de
Sartre. C'est un essai pour montrer quel usage
chaque homme fait de sa liberté; soit en ac-
ceptant la responsabilité qui incombe à chacun
de façon générale, soit en s'évadant.

Dans un essai intitulé *Qu'est-ce que la Litté-rature (What is Literature)* publié en 1948, Sar-tre fait ressortir que chaque écrivain de sa géné-ration ayant vécu les expériences de la guerre et de l'occupation allemande devait obliga-toirement produire une littérature de "situations extrêmes". Ayant dit cela, Sartre en vint à faire cette revendication extrêmement controversée: à savoir que tous les écrivains de sa génération sont des écrivains métaphysiques, qu'ils aiment le nom ou pas. La métaphysique, ajoutait-il, "n'est pas une discussion stérile sur les notions abstraites. . . c'est un effort vivant pour em-brasser du dedans la condition humaine dans sa totalité".

Puis Sartre cite André Malraux et Antoine de Saint-Exupéry comme des écrivains de sa propre génération car, bien qu'ils aient commencé à publier plus tôt, leur conception de la finalité de la littérature se rejoint. Malraux avait reconnu que l'Europe était déjà en guerre dès les pre-mières années de 1930 et produisait une "litté-rature de guerre" tandis que les chefs de ce qu'on appelait l'avant-garde à l'époque, les sur-réalistes, continuaient une "littérature de paix". Saint-Exupéry avait laissé pressentir une "litté-rature de construction" pour remplacer la litté-rature traditionnelle bourgeoise de consom-mation. Ces idées devinrent les idées directrices de la génération de Sartre.

Il continue:

. . .Nous nous persuadions qu'aucun art ne pourrait être vraiment nôtre s'ils ne rendait à l'événement sa brutale fraîcheur, son ambiguïté, son imprévisibilité, au temps son cours, au monde son opacité menaçante et somptueuse, à l'homme sa longue patience. (Situations II, Gallimard, Paris 1948, p. 254).

Nous ne voulions pas délecter notre public. . . nous souhaitions le prendre à la gorge: que chaque personnage soit un piège, que le lecteur y soit attrapé et qu'il soit jeté d'une conscience dans une autre comme d'un univers absolu et irrémédiable dans un autre univers pareillement absolu; qu'il soit incertain de l'incertitude même des héros, inquiet de leur inquiétude, débordé par leur présent, pliant sous le poids de leur avenir, investi par leurs perceptions et par leurs sentiments comme par de hautes falaises insurmontables (Situations II, Gallimard, Paris 1948, p. 254).

Ce paragraphe devrait sans doute être lu en fonction de la remarque de Sartre sur l'occupation allemande; à savoir que celle-ci conduit chaque homme "à la plus profonde connaissance de lui-même. . . sa faculté de résister à la torture et à la mort". A la même époque, Sartre disait aussi qu'il croyait que "pour comprendre quelque chose à l'humanité, il était nécessaire d'examiner les cas extrêmes".

La théorie de Sartre sur la littérature engagée l'a conduit à critiquer fortement les écrivains qui ne partageaient pas son opinion. Un exemple de cela est l'essai qu'il écrivit à la fin de la guerre sur le poète français du XIXe siècle, Baudelaire. La lecture pour Sartre de la biographie de Baudelaire est d'autant plus intéressante qu'on peut remarquer certaines ressemblances (sans pour autant les exagérer) entre l'enfance du poète et celle de Sartre. Sartre attribue une grande signification au fait que le père de Baudelaire mourut lorsque l'enfant avait 6 ans (le père de Sartre est mort lorsque celui-ci avait 2 ans). Entre Baudelaire et sa mère, veuve, s'établit (selon Sartre) un lien étroit d'adoration mutuelle. Madame Baudelaire était à la fois l'idole de son fils et sa camarade. Il était en effet si imprégné d'elle qu'il existait à peine en tant qu'être individuel. Et précisément parce qu'il était si fondu en un individu qui semblait vivre par "nécessité et droit divin" le jeune Baudelaire était à l'abri de toute difficulté. Sa mère était son absolu!

Mais la mère de Baudelaire se remaria et l'enfant fut envoyé en pension. Ceci, dit Sartre, marqua un tournant dans la vie du poète. On doit remarquer que Baudelaire n'avait que 7 ans lorsque sa mère se remaria. Sartre, lui, en avait 12. Sartre suggère, que par le remariage de sa mère Baudelaire fut précipité dans une "existence personnelle"; on lui avait pris son absolu, la justification de son existence avait disparu. Il se retrouva seul et, dans sa solitude, il découvrit que la vie lui avait été "donnée pour rien". Ce fut à ce point de sa vie que, d'après Sartre, Baudelaire commit sa faute. Le futur poète conclut qu'il était destiné à rester "seul pour toujours". En fait, dit Sartre, il nous faut discerner en cela le choix original de Baudelaire. Baudelaire décida d'être (comme il le dit) "éternellement solitaire". Il ne découvrit pas la solitude dans sa destinée car bien sûr, pour Sartre, il n'y a pas de destinée à découvrir. Baudelaire, dans sa liberté choisit la solitude. Il la désirait car il désirait se sentir unique.

Sartre explique comment Baudelaire échappa à ce sentiment de vertige par la création littéraire. Mais l'ennui, dit Sartre, c'est que le poète n'étend pas sa faculté de création au domaine des valeurs morales. Baudelaire accepte sans difficulté les principes moraux bourgeois et catholiques de sa mère et de son beau-père. De ceci, il résulta qu'à partir du moment où Baudelaire ne mena plus cette vie approuvée par la bourgeoisie, il en ressentit un sentiment aigu de péché. L'argument de Sartre c'est que, si Baudelaire avait rejeté le code moral de ses parents et trouvé une moralité nouvelle, il aurait pu être sauvé. Sartre a d'autres griefs envers Baudelaire: la faute du poète ce ne fut pas seulement de résister à toutes sortes d'engagements, mais de résister à toutes sortes d'engagements communistes. Baudelaire accepta d'abord la morale bourgeoise, puis il accepta la politique réactionnaire du Second Empire. Tout ce que le poète recherchait, dit Sartre, c'était d'être différent. Et Sartre oppose cette attitude à celle de George Sand, Victor Hugo, Marx, Prud'hon, Michelet, écrivains progressistes du XIXe siècle, qui prétendaient que l'homme pouvait avoir un contrôle sur l'avenir et que la société pouvait être changée en mieux.

Baudelaire est un des essais de Sartre le mieux écrit, mais c'est aussi, sans nul doute, un des cas où le puritanisme de Sartre devient extrême. Dans cet essai, supposé être une critique littéraire, le fait que Baudelaire était un grand poète n'est pas du tout pris en considération. Au contraire, Sartre insiste sur une remarque de Baudelaire disant que le poème est "un objet inutile" comme si cela était la vérité suprême. On a l'impression, comme l'a dit le professeur Philippe Thody, que Sartre aurait préféré que Baudelaire fut un pamphlétaire de troisième catégorie, socialiste avant l'heure, plutôt qu'un poète lyrique de première classe. Mais, on ne doit pas être injuste à l'égard de Sartre qui, même dans ses moments les plus enthousiastes, à l'égard de la gauche, a toujours résisté aux préjugés esthétiques des autres marxistes.

Dans une de ses toutes dernières oeuvres, un essai sur Flaubert qui jusqu'à maintenant n'a paru que dans sa revue mensuelle *Les Temps Modernes,* Sartre a défendu le romancier du XIXe siècle contre la critique marxiste conventionnelle. Sartre est aussi prompt qu'un marxiste ordinaire pour classer et châtier Flaubert en tant que bourgeois. Mais cela n'est qu'un début. Ce qui est beaucoup plus important au sujet de Flaubert, ce n'est pas qu'il fasse partie de la classe "petite bourgeoisie", mais c'est tout ce qu'il a fait pour s'élever au dessus de cette classe. Flaubert, comme le dit Sartre, "pour échapper à la petite bourgeoisie se lancera à travers les divers champs du possible, vers l'objectivation aliénée de lui-même et se constituera inéluctablement et indissolublement comme l'auteur de *Madame Bovary* et comme ce petit-bourgeois qu'il refusait d'être" *(Critique de la Raison Dialectique,* Gallimard, Paris 1960, p. 93).

Sartre donne la carrière de Flaubert comme un exemple du *projet.* Et ceci est un concept existentialiste que Sartre a souvent utilisé auparavant. Il figure à la première place dans son principal ouvrage d'ontologie *L'Etre et le Néant (Being and Nothingness)* dans lequel le "projet" exprime la façon dont chacun choisit son mode de vie et se réalise dans l'action.

Le "projet" de Flaubert, c'est de se créer lui-même en tant qu'être objectif sous la forme d'auteur ou, plus précisément, sous celle d'auteur de *Madame Bovary* et d'autres ouvrages particuliers. Sartre écrit:

Ce projet a un sens, ce n'est pas la simple négativité, la fuite: par lui l'homme vise la production de soi-même dans le monde comme une certaine totalité objective. Ce n'est pas le pur et simple choix d'écrire d'une certaine manière pour se manifester dans le monde de telle façon; en un mot, c'est la signification singulière — dans le cadre de l'idéologie contemporaine qu'il donne à la littérature comme négation de sa condition originelle et comme solution objective de ses contradictions (ibid. p. 93).

L'argument de Sartre est que "l'homme se définit lui-même par son projet". En d'autres termes: "Nous devenons ce que nous sommes à travers ce que nous faisons". Personne n'a "d'essence". L'existence d'un homme est l'histoire de sa réalisation. Le Flaubert que nous connaissons est l'homme qui a écrit plusieurs livres remarquables, s'il ne les avait jamais écrits, nous n'aurions jamais entendu parler de lui, ou plutôt, l'homme dont nous nous souvenons comme étant Flaubert n'aurait jamais existé.

Je pense qu'on ne peut pas s'empêcher de sentir une certaine contradiction entre l'attitude de Sartre vis-à-vis de Flaubert et son attitude vis-à-vis de Baudelaire. Ces deux écrivains, finalement ont produit de très importantes oeuvres et l'accomplissement de Baudelaire était certainement autant un "projet" que celui de Flaubert. La différence entre les deux est tout simplement d'un ordre politique. Ni Baudelaire, ni Flaubert n'étaient socialistes. Mais, alors que Flaubert était opposé à la bourgeoisie, Baudelaire — à la façon dont le voit Sartre — était vraiment du côté de la réaction des conservateurs catholiques. Et, dans la mesure où Flaubert était une sorte de réaliste-social, dénonçant les folies et le mensonge de la vie bourgeoise, Sartre n'a pas de mal à le considérer comme un artiste qui fut du côté de la révolution.

Le mot "révolution" est un mot-clé dans toute la manière de penser de Sartre. On doit le voir, je pense, comme le développement d'une autre idée qui était au coeur de sa théorie dès sa première oeuvre, c'est l'idée de la conversion. La conversion est le salut de l'individu par le moyen d'un changement intérieur radical ou d'une transformation comme celle dont Antoine Roquentin fait l'expérience dans *La Nausée*. La révolution est le salut de la Société en entier au moyen d'un changement radical ou de la transformation de tout le système. La révolution est le trait le plus remarquable dans ce qu'entend Sartre par socialisme.

II

Philosophie et Action

J'ai déjà parlé de l'intérêt persistant de Sartre pour tout ce qui touche la notion de salut et les idées connexes de conversion et de révolution. Il prétend dans ses mémoires avoir subi lui-même une sorte de conversion; quelque chose qui lui est arrivé pendant l'occupation allemande lorsque Sartre rencontra le philosophe marxiste Maurice Merleau-Ponty et que grâce à son influence il fut "guéri de son idéalisme". Mais, bien sûr, ce ne fut pas une conversion simple. Car, si Sartre abandonnait son vieil "idéalisme" et s'intéressait passionnément à des problèmes pratiques et à la politique, il n'adoptait pas pour autant le marxisme de Merleau-Ponty. Ce n'est que quelques années plus tard que Sartre déclara adhérer vraiment au marxisme; et à ce stade il avait formulé une théorie sensiblement éloignée de la doctrine originale de Marx.

Sans doute ce ne fut pas uniquement l'influence de Merleau-Ponty mais aussi les événements de la guerre, l'occupation allemande et plus encore le mouvement de la Résistance qui stimulèrent l'intérêt de Sartre dans le domaine politique. Avant la guerre, Sartre n'était intéressé que par peu de problèmes sauf celui de l'individu. Sa propre vie n'avait été marquée que par peu d'événements. Il réussit suffisamment bien dans ses études pour être admis dans l'une des grandes écoles françaises, l'Ecole Normale Supérieure. Au sortir de cette école, il se présenta au concours qui, en France, ouvre la porte de l'enseignement: l'agrégation. Après avoir échoué une première fois, il fut reçu premier. Il étudia l'existentialisme en Allemagne puis fut, en France, professeur de philosophie dans différents lycées de province; il publia trois ou quatre livres de philosophie et un roman très réussi: *La Nausée*. Lorsque la guerre éclata en 1939, il était âgé de 34 ans et fut appelé sous les drapeaux, mais sa mauvaise vue lui valut d'être retiré des premières lignes. Sur la Ligne Maginot, il fut affecté aux services de la météorologie. Fait prisonnier lorsque les Allemands envahirent la France, il passa une année dans un camp de prisonniers et fut rapatrié pour raison de santé. Il passa le reste de la guerre dans Paris occupé, écrivant des pièces, des essais et, de temps en temps, un article dans la presse clandestine. Très lié avec certains communistes et des groupes de

Résistants, il s'imposa à la fin de la guerre à la tête des intellectuels du mouvement patriote triomphant. Non seulement il devint un homme célèbre, mais il rendit l'existentialisme célèbre.

Sartre était, bien sûr, un homme de gauche, mais ce n'était pas un communiste et il ne l'a jamais été. Il était prêt, et même empressé d'accepter la politique du Parti Communiste mais ne pouvait tolérer sa philosophie. En ceci son point de vue n'a guère changé. Il fonda sa propre revue littéraire: *Les Temps Modernes,* qui était censée devenir un forum de la gauche, ouvert sans parti-pris aux écrivains communistes et non communistes. Mais l'attitude équivoque de Sartre vis-à-vis du Parti l'entraîna dans de nombreuses disputes passionnées. Il critiquait souvent le Parti Communiste mais volait à sa défense si d'autres l'attaquaient.

Sartre estimait que l'erreur du communisme était de reposer sur un type de philosophie erronée. Le marxisme, selon lui, était démodé et avait besoin d'être renové. Par la suite il s'efforça même de construire un marxisme ainsi modernisé. Le développement le plus complet de cette théorie se trouve dans sa *Critique de la Raison Dialectique,* publiée en 1960. Celle-ci fait partie des oeuvres germaniques de Sartre; longue et diffuse, elle est alourdie par un langage et un jargon techniques. De plus, malgré ses 755 pages d'impression serrée et ses nombreuses notes, cet ouvrage ne représente qu'une partie d'un projet plus étendu. Personne jusqu'ici ne s'est aventuré à le traduire en anglais.

Comme il l'a expliqué lui-même, Sartre n'aborde pas le sujet de façon académique. La première partie du livre parut en version originale dans un journal polonais en 1957, au moment où la destalinisation était à l'ordre du jour. C'est très consciemment qu'il met en avant sa théorie comme une philosophie déstalinisée adressée aux intellectuels communistes désorientés, et à titre de base de rencontre avec ceux de la gauche restés en dehors du Parti; c'est-à-dire comme une chose destinée à remplir le vide douloureux laissé dans les esprits après le désaveu par Moscou de l'enseignement de Staline et comme pouvant servir de fondement théorique au nouveau Front Uni contre la bourgeoisie. Cette intention visant le bien public ne diminue en aucune façon l'intérêt philosophique de la *Critique.* Parmi les meilleurs théoriciens politiques, beaucoup ont eu de telles tentations; le philosophe et le polémiste coexistent souvent dans le même homme.

Sartre commence ce livre en encensant outrageusement le marxisme et en ne laissant qu'une part modeste à l'existentialisme. En effet, dit-il, alors que le marxisme est une des principales philosophies du monde, l'existentialisme n'est même pas une philosophie authentique. L'existentialisme n'est qu'une idéologie. Mais Sartre n'utilise pas le mot idéologie dans le sens marxiste du terme. Il nous donne sa propre définition de ce mot et du mot "philosophie". Les philosophies, d'après Sartre, sont les grands systèmes créateurs de la pensée qui dominent certains "moments" ou périodes de l'histoire, systèmes qui ne peuvent être dépassés avant que l'histoire elle-même ne soit parvenue à un nouveau stade de son évolution. Ainsi, au XVIIe siècle, le "moment philosophique" était celui de Descartes et de Locke; à la fin du XVIIIe et au commencement du XIXe siècle, c'était celui de Kant et de Hegel; notre propre époque est celle de Marx. Aucune philosophie ne peut aller au delà de celle de Marx aujourd'hui. Nous sommes contraints, dit Sartre, de penser en termes marxistes, que nous le voulions ou non.

Non content d'exalter ainsi le marxisme, Sartre se donne beaucoup de mal pour amoindrir l'existentialisme, simple "idéologie". Les "idéologies", suivant la définition de Sartre, sont de petits systèmes qui vivent en marge des grands systèmes de pensée et qui "exploitent le domaine" des philosophies authentiques. Puisque le siècle actuel se confond avec l'époque du marxisme, l'existentialisme exploite son domaine. L'existentialisme alors, écrit Sartre, "est un système parasitaire qui vit en marge du Savoir, qui s'y est opposé d'abord et qui aujourd'hui tente de s'y intégrer" (*Critique*, p. 18).

Cette perspective est décidément originale. Il y a quelque chose d'audacieux à proposer d'intégrer l'existentialisme dans le marxisme car jamais deux systèmes de pensée ne pourraient paraître plus dissemblables. Deux choses, au moins, semblent des obstacles insurmontables à toute fusion. D'abord, l'existentialisme croit au libre arbitre, au "libertarianisme"*, à l'indéterminisme et Sartre, en particulier, l'a toujours souligné. Aucun thème n'est plus marqué ni aussi répété dans toutes ses oeuvres littéraires ou philosophiques que celui de l'homme "condamné à être libre". Marx, au contraire, appartient à cette tradition philosophique qui voudrait bannir complètement le problème du libre arbitre. Pour lui, et selon l'expression de Hegel, "c'est la reconnaître comme nécessaire"! Marx soutient d'abord que toute l'histoire est façonnée et déterminée par les rapports de production qui jaillissent des lois inexorables de la matière, ensuite que les hommes peuvent maîtriser leurs destinés dans la mesure où ils comprennent ces lois et, en accord avec elles, peuvent diriger consciemment leurs actions. Ainsi, Marx n'admet pas la moindre antinomie entre la liberté et le déterminisme. Au contraire, pour Sartre, non seulement le déterminisme est faux, mais c'est aussi une forme de mauvaise foi ou de coupable autodéception, par lesquelles

*Note de traducteur: Ce terme traduit littéralement suggère une notion anarchique de liberté érigée en système.

certaines personnes s'évadent de leurs respon-
sabilités morales.

Il y a ensuite la question de l'individualisme.
Les existentialistes insistent lourdement sur l'isolation, la solitude, "l'abandon" de l'individu; et
aucun écrivain existentialiste ne l'a souligné
davantage que Sartre depuis son premier roman,
La Nausée, jusqu'à sa dernière pièce, *Altona*. Mais
Marx considère l'individualisme comme une théorie chimérique et soutient que la véritable nature
de l'homme est sociale.

Sartre ne se dérobe pas devant ces contradictions. Il croit qu'elles peuvent être résolues. Il
suggère que la difficulté réside dans le fait que le
marxisme orthodoxe s'est démodé et est devenu
dogmatique et plein de préjugés; le marxisme a
perdu le contact avec l'humanité, l'existentialisme
peut l'aider à le rénover, en l'humanisant. Sartre
poursuit en faisant cette prédiction curieuse:

A partir du jour où la recherche marxiste
prendra la dimension humaine (c'est-à-dire le
projet existentiel) comme le fondement du
Savoir anthropologique, l'existentialisme n'aura
plus la raison d'être; absorbé, dépassé et conser-
vé par le mouvement totalisant de la philo-
sophie, il cessera d'être une enquête particulière
pour devenir le fondement de toute enquête
(*Critique*, Gallimard, p. 111).

Sartre insiste sur le fait que sa querelle l'oppose aux marxistes et non à Marx. En effet, il donne une interprétation de l'essai de Marx sur le 18 Brumaire qui suggère que Marx, lui-même, dans ses moments les plus inspirés, était existentialiste sans s'en rendre compte. Sartre se plaint que les marxistes soient trop paresseux. Ils sont tantôt trop métaphysiques et tantôt trop positivistes. Leur pensée est trop démodée et souvent ne constitue même pas une pensée mais un assentiment aveugle à l'autorité.

Nombre des critiques de Sartre sur les marxistes orthodoxes sont très pertinentes. Il démontre, par exemple, combien est creux le jugement de ces critiques littéraires marxistes qui éconduisent Valéry comme un "petit bourgeois intellectuel". Sartre en convient: Valéry est bien un petit bourgeois intellectuel, mais le fait important est que "tous les petits bourgeois intellectuels ne sont pas des Valéry"! Sartre démontre aussi l'absurdité de l'habitude des marxistes qui groupent sous la même étiquette des écrivains aussi divers que Proust, Bergson et Gide en les qualifiant de "subjectifs"; par ailleurs, Sartre montre que cette catégorie du subjectif n'est pas viable, empiriquement; elle ne procède pas de l'expérience; elle n'est pas basée sur l'étude et l'observation d'hommes véritables.

Les "marxistes paresseux" dit Sartre révèlent leur paresse non seulement dans l'utilisation irréfléchie des catégories, mais dans leur tendance

à constituer le vrai *à priori*. De même les politiciens du Parti Communiste utilisent ces mé-
thodes pour prouver que ce qui arriva devait ar-
river, les intellectuels marxistes les utilisent pour
prouver que toute chose est telle qu'elle devait
être. Et ceci, observe Sartre, avec perspicacité
n'est qu'une méthode "d'exposition" qui ne
nous apprend rien. Elle est tautologique; elle ne
peut rien nous enseigner car elle connaît d'a-
vance ce qu'elle va découvrir. D'où le besoin de
donner au marxisme une méthode nouvelle.

Sartre décrit cette nouvelle méthode que
l'existentialisme offre au marxisme comme
"heuristic"; c'est une méthode qui sert à découvrir la vérité: elle est aussi, dit-il, "dialectique".
Sartre affirme que lorsque les marxistes paresseux sont confrontés avec un problème ils se
réfèrent immédiatement à des principes abstraits.
Sa nouvelle méthode ne fonctionne pas autrement qu'au moyen de va-et-vient, à l'intérieur du
flux et mouvement du monde réel. Par exemple,
la méthode de Sartre chercherait à expliquer la
biologie des individus par une double étude
approfondie de l'époque qui forme l'individu et
de l'individu qui forme l'époque. Il appelle ceci
la méthode progressive-régressive. Elle est progressive parce qu'elle recherche une partie de
l'explication dans les buts des êtres conscients;
elle est regressive parce qu'elle observe les conditions historiques et sociales dans lesquelles
chaque être conscient poursuit ses objectifs: les

gens doivent être compris à l'aide, à la fois, de leurs propres recherches de finalité et des circonstances dans lesquelles ils formulent et cherchent à réaliser leurs buts. Ceci a toujours été au coeur de la croyance de Sartre.

Prenons l'exemple de sa pièce *Huis Clos* déjà publiée en 1943. Dans cette pièce, le protagoniste, Garcin prétend avoir une nature noble et courageuse bien qu'il ait accompli des actes de lâcheté. Alors la farouche Inès, au franc-parler, dit à Garcin qu'un homme n'a d'autre nature que celle de ses actions, ses actions le définissent; ce qui fait qu'un homme, dont la conduite est lâche, est un lâche. Le cadre de la pièce est représenté par un enfer modernisé qui se situe au-delà de la tombe.

Garcin demande à Inès: "Est-ce possible qu'on soit un lâche quand on a choisi les chemins les plus dangereux? Peut-on juger une vie sur un seul acte? "

Inès. "Pourquoi pas? Tu as rêvé trente ans que tu avais du coeur, et tu te passais mille petites faiblesses parce que tout est permis aux héros. Comme c'était commode! Et puis, à l'heure du danger, on t'a mis au pied du mur et. . . tu as pris le train pour Mexico."

Garcin. "Je n'ai pas rêvé cet héroïsme. Je l'ai choisi. On est ce qu'on veut."

Inès. "Prouve-le. Prouve que ce n'était pas un

rêve. Seuls les actes décident de ce qu'on a voulu."

Garcin. "Je suis mort trop tôt. On ne m'a pas laissé le temps de faire *mes* actes."

Inès. "On meurt toujours trop tôt ou trop tard. Et cependant la vie est là, terminée; le trait est tiré, il faut faire la somme. Tu n'es rien d'autre que ta vie" (*Huis Clos*, Appleton Century, N.Y., 1962, pp. 87-88; Gallimard, *Théatre I*, 1947).

Garcin est un exemple de ce que Sartre appelle *"mauvaise foi"*. Et Garcin, dans sa mauvaise foi invoque le mensonge (tel que Sartre le voit) de l'essentialisme pour soutenir que, quoiqu'il ait commis des actes de lâcheté, il a une nature, une âme, et un tempérament courageux.

C'est la mission d'Inès de lui enseigner le douloureux message existentialiste, qu'un homme *est* ce qu'il *fait* et pas plus. Garcin n'a pas une nature à être courageux. C'est un lâche parce que ses actes sont lâches. Il ne faut pas oublier toutefois, un aspect d'*Huis Clos* — trop souvent négligé par les critiques de Sartre — c'est que tous les personnages sont *morts.* Ce ne sont plus des êtres libres. Leur vie est terminée et ainsi, quoiqu'ils n'aient pas d'essence, ils ont des biographies complètes. Autrement dit, ils n'ont pas de futur, et ils ne peuvent plus avoir de liberté.

Garcin est ainsi damné en ce sens que toute possibilité de cesser ses actes de lâcheté et de commencer des actes de courage, et ainsi de lâche, devenir un homme courageux, lui est refusée. Puisqu'il est mort, il est, dit Inès, *trop tard.* Il ne peut plus devenir un homme courageux. La mort a fermé son compte. Ainsi lorsque Sartre situe *Huis Clos* en enfer ce n'est pas simplement un moyen théâtral. Il est justement placé en enfer parce que le thème central de la pièce est la damnation. De cette façon, il explore l'autre aspect du sujet de salut qui est examiné dans le premier roman, *La Nausée.*

Dans sa *Critique de la Raison Dialectique,* Sartre revient à son thème préféré. Il répète que notre nature seule est notre histoire, nous sommes ce que nous *faisons,* et ce que nous faisons est ce que nous avons choisi de faire. Nous sommes totalement responsables de nos actions, puisqu'en tant qu'êtres "condamnés à être libres" nous aurions pu, si nous l'avions choisi, agir différemment.

Dans la *Critique,* Sartre parle de "l'arrachement de soi-même vers l'existence" et par l'existence, il ajoute, "c'est ce que nous nommons l'existence et par là, nous n'entendons pas une substance stable qui se repose en elle-même, mais un déséquilibre perpétuel, un arrachement à soi de tout le corps. Comme cet élan vers l'objectivation prend des formes diverses selon les individus, comme il nous projette à travers un champ de possibilités dont nous réalisons certaines à l'exclusion des autres, nous le nommons aussi Choix ou Liberté" (*Critique* p. 95).

Je crois qu'il est clair, même d'après cette citation, que Sartre a retenu le principe libertarianiste de l'existentialisme et d'aucune manière assimilé la théorie marxiste de la nécessité. Ainsi, malgré toute ce que Sartre a dit au début, que le marxisme est une véritable philosophie et l'existentialisme une simple idéologie, il est évident qu'une partie cruciale d'une soi-disant intégration entre les deux comportera la reddition par les marxistes, et non par les existentialistes, de la moindre croyance fondamentale.

Alors nous pourrions considérer l'autre sujet sur lequel l'existentialisme et le marxisme sont notoirement en désaccord: l'individualisme. L'existentialisme, comme il est généralement compris, et certainement exposé par Sartre lui-même, comprend une forme extrême d'individualisme alors que le marxisme n'a pas de trait plus voyant que son rejet de l'individualisme — sa croyance que l'homme doit être vu en fonction de sa totalité sociale ou sa commune humanité. Sartre a essayé de résoudre cette antithèse en établissant dans sa *Critique* une théorie qu'il prétend être et marxiste et existentialiste de la Société. Jusqu'à quel point peut-on dire qu'il ait réussi?

Une fois encore Sartre utilise librement l'espèce de langage technique qui est en vogue chez les marxistes. D'abord il invoque la notion d'aliénation. Mais Sartre, comme nous le verrons, a sur l'aliénation, une théorie différente de celle de Marx. Alors que Marx voyait l'aliénation comme le résultat de l'exploitation d'un homme par un autre, Sartre voit l'aliénation comme un trait inaltérable du prédicament humain. En effet, la notion sartrienne d'aliénation ne peut être comprise avec des termes purement marxistes. Les mots que Sartre partage avec Marx sont des mots que tout deux ont empruntés à Hegel. La théorie de l'aliénation de Sartre est un concept d'existentialisme hegelien, pas une conception existentialiste. Son aliénation, déjà expliquée dans *l'Etre et le Néant* est métaphysique. Néanmoins, il n'oublie pas que son sujet ici est la sociologie par opposition à l'ontologie. Donc on doit donner une raison spécifiquement sociologique, et, en quelque sorte, inédite, pour ce qu'il a toujours considéré comme la caractéristique fondamentale des rapports humains — l'antagonisme mutuel.

Cette théorie est développée dans les parties les plus frappantes de la *Critique*. Le principe que Sartre introduit à ce moment là est celui de la rareté. Sartre dit que toute l'histoire humaine, du moins toute l'histoire humaine jusqu'ici — a été une histoire de la pénurie et un combat amer contre cette pénurie. Il n'y a pas assez dans ce monde pour en faire le tour, et il n'y a jamais eu assez. Et c'est cette rareté, d'après la *Critique,* qui rend les rapports humains intelligibles. Cette rareté est la clef pour comprendre l'attitude des hommes les uns envers les autres et pour comprendre les structures sociales que les hommes ont édifiées durant leur vie sur terre. La rareté, dit Sartre, nous unit et nous divise à la fois, parce que chacun de nous sait que ce n'est qu'en raison de l'existence des autres qu'il n'y a pas d'abondance pour soi-même.

La rareté est "le moteur de l'histoire". Les hommes ne peuvent pas éliminer la rareté tout à fait. En ce sens, les hommes sont impuissants ou paralysés. Le mieux que puisse faire chaque homme est d'essayer de surmonter la rareté en collaborant avec les autres. Mais une telle collaboration est en elle-même paradoxale car chacun des collaborateurs réalise que c'est l'existence des autres qui provoque la rareté. Je suis votre rival et vous êtes mon rival. Lorsque je travaille avec d'autres pour lutter contre la rareté, je travaille avec ceux dont l'existence rend ce travail nécessaire, et par mon travail je nourris mes concurrents et rivaux. La rareté façonne alors, non seulement, notre mentalité envers le monde naturel mais la façonne aussi envers nos voisins. La rareté nous rend tous rivaux et, malgré cela nous contraint à collaborer avec nos rivaux; car seul nous sommes paralysés, nous ne pouvons lutter efficacement contre la rareté que par le partage du travail et d'autres efforts communs.

La nature, néanmoins, est "inerte" et indifférente au bien-être des hommes. L'univers que nous occupons est, en partie, le monde de la nature, et en partie le monde qui a été crée par nos aïeux au cours de leur longue lutte contre la rareté. Sartre appelle cela le monde du *Practico-inerte*. Le monde est un monde de *praxis* pour autant que c'est un monde réglé par le travail et les projets de ses habitants, passés et actuels. Ceci est le monde dans la mesure où il est fait par l'homme. Mais le monde est également le monde de la nature passive et inerte sur lequel l'homme a eu à travailler. Ironiquement, beaucoup de choses que les hommes ont faites dans le but de rendre le monde supportable en diminuant la rareté ont eu pour effet, non pas d'améliorer le monde, mais de le rendre plus mauvais. Sartre donne l'exemple des paysans chinois qui, en coupant leur bois pour faire du feu et pour construire, ont ce faisant, déboisé leur pays s'exposant ainsi au risque d'inondations constantes. Les hommes sont tourmentés par leurs propres inventions dans le monde du *Practico-inerte*.

Ainsi, dans un univers hostile, défini par la rareté, l'homme devient un loup pour l'homme. Dans une phrase qui lui ressemble, Sartre dit que l'homme devient un contre-homme. Et dans un paragraphe dont l'intonation est suffisamment dramatique pour devenir un discours dans une de ses pièces, Sartre écrit:

Rien, en effet — ni les grands fauves, ni les microbes — ne peut être plus terrible pour l'homme qu'une espèce intelligente, carnassière, cruelle, qui saurait comprendre et déjouer l'intelligence humaine et dont la fin serait précisement la destruction de l'homme. Cette espèce, c'est évidemment la nôtre se saississant par tout homme chez les autres dans le milieu de la rareté.

Les conflits — ou rapports d'antagonisme — entre l'homme et l'homme reçoivent ainsi une explication *économique* dans la *Critique*. Nous arrivons ensuite à un morceau de "dialectique". L'antagonisme est une réciprocité négative, mais cette négation elle-même est réfutée par la collaboration entre voisins, qui est nécessaire afin de vaincre la rareté. Ceci est la théorie "dialectique" de Sartre sur l'origine de la société.

Il distingue deux espèces de structures sociales; une qu'il nomme la série, l'autre le groupe. Les deux diffèrent de façon radicale. Une série est une assemblée de gens qui sont unis seulement par une proximité extérieure. Elle n'existe pas en tant que totalité "à l'intérieur" d'aucun de ses membres. L'exemple que Sartre donne d'une série est une file d'attente devant l'autobus. Ceci est un rassemblement ou assemblée de gens que l'on peut observer. On peut le voir, compter le nombre de personnes présentes. Tout le monde est là pour la "même" raison, mais ces gens n'ont pas de but *commun*. Personne ne s'intéresse à l'autre. A cause de la rareté des sièges dans l'autobus chacun souhaite que les autres ne soient pas là. Chacun est superflu, chacun est un de trop. Mais, parce que chacun *sait* qu'il est un de trop pour les autres, de la même façon que chacun des autres est un de trop pour lui, tous acceptent de prendre leur tour pour monter dans l'autobus lorsqu'il arrivera. Ils forment une série ordonnée afin d'éviter une querelle sur la plateforme de l'autobus. La formation d'une série ordonnée comme une file d'attente est ainsi un rapport réciproque négatif qui est la négation de l'antagonisme, elle est la négation elle-même.

Les gens dans la file d'attente devant l'autobus forment une pluralité de solitudes. Et Sartre soutient que toute la vie sociale de l'humanité est imprégnée par des séries de cette sorte. Une ville est une série de séries. La bourgeoisie est une série de séries, chaque membre respectant la solitude des autres. Mais dans la société des hommes, il existe une autre sorte de rassemblement ou d'assemblée que Sartre reconnaît et c'est ce qu'il nomme le *groupe*.

Un groupe est une assemblée de gens qui, contrairement à ceux de la série, *ont* un objectif ou une fin commune. Il donne en exemple une équipe de rugby. La différence entre un groupe et une série est interne. De l'extérieur on ne peut pas voir la différence. Un groupe est constitué du fait que chaque membre s'est engagé à agir

comme membre de ce groupe. Le groupe est
maintenu ensemble et ainsi constitué par engagement. Chaque membre, comme Sartre l'explique, a converti sa propre *praxis* dans une
praxis sociale. La classe ouvrière devient un
groupe lorsque ses membres s'engagent envers le
socialisme. Un groupe peut réaliser quelque
chose, tandis qu'une série est paralysée, puisque
chaque membre ne poursuit que sa *praxis* personnelle. Et, en effet, c'est précisément parce
que la série est paralysée que le groupe est constitué en premier lieu. L'origine du groupe, suggère
Sartre, peut-être résumée dans la découverte que
"nous devons, soit vivre en travaillant ensemble,
soit mourir en se combattant".

La rareté est à nouveau l'idée force, puisque
c'est la rareté, et la rareté seule, qui oblige les
hommes à travailler ensemble dans un but
commun. La rareté est vue ainsi comme l'origine
du groupe. Et, en développant cette pensée,
Sartre introduit trois notions pittoresques: le
serment, la violence et la Terreur. Sartre explique que le groupe prend corps lorsque chaque
individu prête serment de devenir un membre du
groupe et de ne pas déserter ou trahir le groupe.
Un groupe est ainsi défini comme un groupe lié
par serment.

Mais le serment doit être renforcé et les membres doivent être assurés qu'il le sera. C'est ici
qu'interviennent la violence et la Terreur. C'est

la crainte de la violence qui pousse les hommes en premier lieu à former des groupes. C'est cette crainte qui les maintient dans ces groupes. La crainte qui maintient les hommes dans leur groupe est la Terreur. En effet, le serment lui-même, dit Sartre, est une invitation pour que la violence se retourne contre soi-même si l'on manque à sa propre parole. Et l'existence de la Terreur est une assurance que la violence sera utilisée contre quiconque tentera de rompre son serment.

Tous les groupes, dit Sartre, sont en danger constant de se dissoudre et de devenir une série. Chacun est conscient de la menace de dispersion qui existe en lui-même et chez les autres. Ainsi, Sartre peut dire que "La Terreur est la garantie établie, librement réclamée, que personne ne retombera au stade de la série". La Terreur, en effet, est plus que cela: c'est une "sollicitude mortelle" car c'est grâce à la Terreur que l'homme devient un être social, créé par lui-même et par les autres. La Terreur est la violence qui réfute la violence. En effet, Sartre va encore plus loin pour dire que la Terreur est fraternité. Car la Terreur est la garantie que mon voisin demeurera mon frère, mon voisin m'est lié par la grande menace de la violence qu'il utilisera contre lui s'il ose se conduire d'une façon "non-fraternelle".

L'exemple le plus important du groupe que donne Sartre est l'Etat. L'Etat, dit-il, est le groupe qui se reconstitue sans cesse et modifie sa composition par un renouvellement partiel — discontinu ou continu — de ses membres. Sartre argue que le groupe en fusion rejette ses chefs; ensuite, le groupe se perpétue en fondant des institutions. Ceci est la base de la souveraineté. L'autorité est liée à la Terreur en ce sens que le souverain est l'homme qui est autorisé à exercer la Terreur. Dans une société faite de "séries", j'obéis parce que je dois obéir. Mais dans un Etat, j'obéis moi-même parce que c'est moi, par mon serment, qui me suis fondu dans le groupe et qui ai autorisé le souverain à commander. Naturellement, Sartre ne pense pas que chaque membre d'un Etat a réellement donné son serment personnel, il a donné son serment par procuration, mais le serment n'en est pas moins un serment.

La Terreur est non seulement fraternité, elle est également liberté. Car je fonds librement mon projet individuel dans le projet commun lorsque je prête serment moi-même (ou par procuration) à l'Etat, et lorsque le souverain, fortifié par la Terreur, me commande, de la part de l'Etat, il me rend ma liberté.

Telle est la théorie de Sartre sur les structures sociales. Jusqu'à quel point peut-on la considérer comme une théorie marxiste? Il n'y a guère de doute que c'est une théorie très propre à Sartre, qui s'harmonise complètement avec la doctrine des rapports humains émise en 1943 dans son oeuvre maîtresse sur l'existentialisme.

L'Etre et le Néant est résumé par un personnage dans sa pièce Huis Clos, avec la remarque "l'enfer, c'est les autres". Cette théorie est, brièvement, la suivante: Si je parle, je m'objective en mots. Ces mots, une fois dits et entendus par d'autres personnes appartiennent au monde extérieur. D'autres personnes peuvent les entendre, y réfléchir, en parler. Mes mots font partie de l'ameublement de leur monde.

Sartre développe cette théorie assez largement dans un exposé précédent sur l'existentialisme. Il arguait alors, que les rapports entres les personnes sont inévitablement sujets à des tensions mutuelles puisque chaque individu, agissant envers les autres comme Autre, capable, à son tour, "d'objectiver", vole aux autres leur liberté. C'est ce qui conduit Sartre dans l'Etre et le Néant à dire que tous les rapports entre hommes sont des formes de conflit métaphysique qui tendent, soit vers le sadisme, soit vers le masochisme. L'unité, l'harmonie, l'amour, le Mitsein* est impossible, tous les rapports entre les hommes sont des rapports de conflit.

Dans la Critique, Sartre donne une nouvelle raison pour ce conflit, mais la conclusion est la même. Il soutient encore que chaque individu est en guerre avec tous les autres, et quoique des

*Mitsein: littéralement être avec.

groupes sociaux soient formés, ces groupes sont maintenus seulement par le serment et la Terreur. Ils sont en danger constant de rechuter dans la condition individualiste de la série. Mais il y a une grande différence. Le conflit n'est plus envisagé comme une partie *nécessaire* du prédicament ou de la condition de l'homme. Le conflit est contingent, en tant qu'il est le résultat de la rareté. Enlevez la rareté, et vous éliminez les circonstances qui ont fait de l'homme un "contre-homme". Et Sartre croit qu'une révolution socialiste se portant à la conquête de la rareté pourrait provoquer une telle transformation.

La société bourgeoise dans le langage de Sartre est une société de série; une série de séries. Mais la société socialiste est une société de groupe au sens large. Mais un groupe, tel qu'il le voit, ne peut jamais être un groupe naturel. Il n'a d'existence que par le serment, par un serment qui est renforcé par la Terreur. La violence est ainsi, pour Sartre, l'élément de base de tout groupe social. On dit couramment que la violence est un élément d'une révolution, ou d'un mouvement révolutionnaire. Ce qui distingue la position de Sartre est sa croyance que la violence peut être envisagée comme un élément de tout groupement politique quel qu'il soit. En réclamant la révolution, il ne pense pas qu'il demande l'invasion d'une société paisible par un mouvement d'agression. D'après Sartre, la société existante est déjà envahie par la violence.

Dans une entrevue dans un journal en 1962, Sartre a dit "Pour moi, le problème essentiel est de rejeter la théorie d'après laquelle la gauche ne devrait pas répondre à la violence par la violence". Il est intéressant qu'il ait présenté cela comme un problème *essentiel*. La révolution dans laquelle Sartre croit est celle qui répond à la violence bourgeoise, capitaliste ou impérialiste par la violence d'un mouvement discipliné de libération. Il appelle cette violence: "Terreur", il ne recule pas devant ce mot alarmant mais, comme Robespierre au moment de la grande révolution française, Sartre l'accepte avec un zèle et une dévotion qui est quasi religieuse.

III

Socialisme et Révolution

Il y a 30 ans, lorsque *La Nausée,* le premier roman de Sartre fut publié, une critique de cette oeuvre parut dans un journal d'Alger. Elle fut écrite par un très jeune journaliste français d'Algérie qui fut voué, par la suite à la célébrité — Albert Camus. Bien que son article ne fut pas sans critiques, il marqua le début d'une amitié entre les deux écrivains qui, si elle ne dura pas, devait tenir une place importante pour les deux. Comme sa critique de *La Nausée* le démontre, Camus accepta une partie de la philosophie existentialiste de Sartre; comme lui, il admettait que l'univers était dénué de sens et que Dieu n'existait pas. Mais Camus n'aima pas, ce qu'il nomma plus tard les traits "germaniques" de Sartre: son puritanisme, son fanatisme et son amour des systèmes métaphysiques. Camus croyait en ce qu'il nommait une philosophie "méditérranéenne" de joie d'exister dans la vie, d'amour de l'univers physique et de chaleureuse sympathie humaine. Cette différence de tempérament fut la raison qui conduisit les deux écrivains à la rupture.

Ils se rencontrèrent pendant la guerre, lorsque Sartre, écrivain plus âgé et établi, s'intéressa à Camus et l'aida à établir sa réputation. La France, à cette époque subissait l'occupation allemande et Camus était une des figures éminentes de la Résistance et rédacteur du journal clandestin, *Combat*. Sartre, qui avait été réformé par l'armée et ne pouvait participer à l'action de la Résistance, admirait, idolâtrait — glorifiait même — le jeune Camus comme héros de la vie active et pleinement engagée. Mais losque la guerre fut terminée, Sartre et Camus comprirent que leurs attitudes étaient très divergentes, même en ce qui concernait la guerre.

Camus estimait que toute guerre était un mal, que la violence de la Résistance elle-même était un mal, mais que c'était un mal nécessaire. Pour Camus, la justice était le bien suprême, et si la justice ne pouvait être défendue que par la force, alors la force était permise, mais elle n'était jamais désirable; et lorsque cela était possible, la non-violence devait être choisie. C'est ainsi que la guerre à peine terminée, Camus, qui avait combattu avec tant d'héroïsme dans la Résistance plaida pour la paix universelle, la clémence envers les collaborateurs qui avaient été arrêtés, et l'abolition totale du châtiment suprême.

La position de Sartre était tout à fait différente. Il était fermement convaincu, en théorie, que la violence est inéluctablement liée à la vie politique. Il considérait Camus comme un idéaliste, un utopiste sans contact avec la réalité. Sartre, qui croyait intensément au libre arbitre croyait aussi à une justice. Il n'avait pas un grand désir d'abolir le châtiment suprême, surtout en ce qui concernait les fascistes. Le désaccord Camus-Sartre poussa ce dernier à revenir dans plusieurs de ses ouvrages à ce thème de la nécessité de la violence.

Il me semble que c'est dans ses pièces qu'il expose ceci de la façon la plus frappante. *Les Mains Sales* est une des meilleures. Dans cette pièce, Hugo, un jeune communiste de la classe moyenne est envoyé par le parti pour tuer Hoederer, un de leurs chefs renégat. Celui-ci veut faire un pacte avec les politiciens royalistes et libéraux dans un pays des Balkans pour résister aux Allemands. Le prétexte est que Hoederer est soit-disant en train de vendre les ouvriers à la vieille classe dirigeante. Hugo, le bourreau désigné, est un doux idéaliste de nature, mal préparé par son éducation, pour tuer à bout portant, un homme qu'il connaît. Et, bien qu'il se dise que ses scrupules ne sont que des inhibitions de bourgeois, Hugo ne pourra pas se résoudre à faire cette besogne, lorsque l'occasion se présentera. Un peu plus tard, Hugo voit Hoederer en train d'embrasser sa femme. Alors, dans un accès de jalousie, il le tue sans difficulté. Hugo découvre ensuite que la politique de collaboration de Hoederer est devenue la ligne à suivre par le parti. Il est alors trop tard pour défaire ce qui a été fait et la nécessité devient vertu.

L'ironie de l'histoire est tellement implacable que lorsqu'elle fut présentée pour la première fois, beaucoup de personnes l'ont comprise comme une pièce anti-communiste. Mais les intentions de Sartre n'étaient pas si simples. En effet, lorsqu'il découvrit que la pièce était utilisée comme propagande anti-communiste, il fit suspendre sa représentation. Le personnage le plus intéressant de la pièce, Hoederer, est celui envers qui les sympathies de l'auteur sont le plus clairement engagées. Il exprime ce que Sartre lui-même a à dire. Ainsi, d'après Hoederer, un homme ne peut jamais être certain d'agir justement, mais néanmoins, il doit agir et prendre la responsabilité de ses actions. Il dit à Hugo qu'un homme qui ne veut pas prendre le risque d'avoir tort ne devrait jamais se lancer dans la politique. Lorsque Hugo, dans la pureté de son dogmatisme communiste, méprise le plan de Hoederer qui vient de conclure une alliance avec les partis politiques bourgeois, Hoederer lui dit ceci:

Comme tu as peur de te salir les mains. Eh bien,

reste pur! A quoi cela servira-t-il et pourquoi viens-tu parmi nous? La pureté, c'est une idée de fakir ou de moine. Vous autres, les intellectuels, les anarchistes bourgeois, vous en tirez prétexte pour ne rien faire. Ne rien faire, rester immobile, serrer les coudes contre le corps, porter des gants. Moi j'ai les mains sales. Jusqu'aux coudes. Je les ai plongées dans la merde et dans le sang. Et puis après? Est-ce-que tu t'imagines qu'on peut gouverner innocemment? (Les Mains Sales, Gallimard, Paris 1948, p. 208.)

Ici nous est donné un aperçu important de la propre attitude de Sartre en ce qui concerne la politique. L'action politique est dépeinte comme étant une nécessité, un combat, et ce combat signifie violence et effusion de sang. Hoederer ne veut pas être assassiné mais il n'est pas contre l'assassinat comme moyen. Parallèlement, nous pouvons noter que lorsque Sartre condamna l'intervention soviétique de 1956 en Hongrie, il ne reprocha pas aux Russes l'intervention armée elle-même mais uniquement la forme de l'intervention qui était nuisible au socialisme.

Un des essais le plus intéressant de Sartre sur le drame politique est le scénario pour un film qui ne fut jamais tourné et qui, quoique publié sous la forme de livre en français et en anglais, demeure, bien à tort il me semble, une oeuvre négligée. Il traite du même thème que *Les Mains Sales* mais avec plus de détails et peut-être un peu plus de subtilité. Le scénario, qui est appelé *L'Engrenage,* dépeint la carrière de Jean, un chef révolutionnaire, qui arrive au pouvoir à la tête du parti travailliste dans une petite république d'Amérique centrale. Sa patrie est située à la frontière d'une grande nation capitaliste ce qui fait que, même en tant que président, Jean ne peut pas faire ce qu'il veut. Il aimerait nationaliser les puits de pétrole comme son parti l'a promis et comme l'entend le peuple, mais il craint qu'en le faisant, la Grande Puissance n'intervienne et écrase son régime. Son seul espoir est d'attendre que les énergies du pays voisin soient détournées par une guerre ailleurs. En attendant, Jean supprime toutes les institutions démocratiques dans son propre pays comme mesure d'urgence. Mais en fin de compte, Jean est renversé par sa propre aile gauche, qui, lorsqu'elle arrive au pouvoir découvre qu'elle doit faire exactement ce que Jean a fait.

Il y a une parentée entre Jean et Fidel Castro de Cuba, et il n'est pas étonnant de voir que Sartre est un des plus ardents supporteurs de Castro à l'étranger. Mais il y a d'autres points, dans *l'Engrenage,* qui méritent qu'on s'y arrête. Il y a une incompatibilité de conscience entre Jean et son ami pacifiste qui rappelera la dispute Hoederer et Hugo dans *Les Mains Sales,* ainsi que le désaccord réel entre Sartre et Camus. Dans *l'Engrenage,* le pacifiste est moins naïf

qu'Hugo mais son point de vue est repoussé avec
autant de vigueur.

Lucien dit à Jean: "La première condition
pour être un homme est de refuser toute participation, directe ou indirecte, dans un acte de
violence".

". . .Leur enfoncer ça dans la tête, à tous. La
première condition pour être un homme c'est de
refuser toute participation, directe ou indirecte,
dans un acte de violence."

Jean l'écoute partagé entre l'admiration ami-
cale pour la pureté de Lucien et l'ironie pour son
inexpérience.

"Et quels moyens employeras-tu", demande-
t-il.

"Tous. Les livres, les journaux, le théâtre. . ."

"Tu est tout de même un bourgeois, Lucien,
ton père n'a jamais battu ta mère, tu n'as jamais
été rossé par les flics ni renvoyé d'une usine sans
explication ou préavis, simplement parce qu'elle
réduisait son personnel. Tu n'as pas subi la violence. Tu ne peux pas le sentir comme nous."

"Si tu l'as subi", dit Lucien, "raison de plus
pour la détester".

"Oui, mais elle est au fond de moi-même"
(*L'Engrenage*, Nagel, S.A. Edition, Paris 1962, p.
162).

On peut facilement imaginer que *L'Engrenage* eût fait un film réussi. Mais Sartre a toujours préféré écrire pour le théâtre et il revint à quelques un des thèmes de *L'Engrenage* dans une de ses pièces, la plus longue et la plus ambitieuse, *Le Diable et le Bon Dieu*. L'action se passe en Allemagne au moment de la révolte paysanne. Le héros est Goetz, fils illégitime d'un noble, une des "figures de bâtard" qui apparaît dans les écrits de Sartre. Goetz est un homme combatif, inspiré par l'idée d'établir une paisible communauté chrétienne ou quelque chose d'aussi utopique. Au début il réussit, mais les gens qui vivent dans sa communauté modèle sont tellement imbus de l'évangile de la non-violence qu'ils sont incapables de se défendre contre les envahisseurs rapaces et la cité est détruite.

A la suite de cette expérience Goetz décide d'abandonner ses rêves utopico-religieux et de retourner à sa carrière militaire. Il dit: "Je veux être un homme parmi les hommes". Et il explique ce que cela veut dire: qu'il doit commencer par le crime. . .

Les hommes d'aujourd'hui naissent criminels, il faut que je revendique ma part de leurs crimes si je veux ma part de leur amour et de leurs vertus. Je voulais l'amour pur: niaiserie; s'aimer, c'est haïr le même ennemi: j'épouserai donc votre haine. Je voulais le Bien: sottise; sur cette terre et dans ce temps, le Bien et le Mauvais sont inséparables;

j'accepte d'être mauvais pour devenir bon (Le Diable et le Bon Dieu, Gallimard, 1951, p. 275).

On offre le poste de général de l'armée des paysans à Goetz. Il hésite, endosse l'uniforme et immédiatement donne l'ordre que tous les déserteurs soient pendus.

Allons, Nasty, je serai bourreau et boucher. . . N'aie pas peur, je ne flancherai pas. Je leur ferai horreur puisque je n'ai pas d'autres manières de les aimer, je leur donnerai des ordres, puisque je n'ai pas d'autre manière d'obéir, je resterai seul avec ce ciel vide au-dessus de ma tête, puisque je n'ai pas d'autre manière d'être avec tous. Il y a cette guerre à faire et je le ferai (Ibid. p. 202).

Ainsi se termine *Le Diable et le Bon Dieu.* J'estime que cette oeuvre est du plus haut intérêt et d'une puissante intensité dramatique. Dans cette pièce, Sartre présente sous un jour plus sympathique que dans *Les Mains Sales* l'argument de la non-violence et du changement sans heurt. Goetz est ici quelqu'un de moins héroïque. Ces deux aspects sont mieux équilibrés et on ne peut douter des sympathies de l'auteur.

Jusqu'à un certain point, nous pouvons trouver dans cette pièce une justification de la propre attitude de Sartre face au communisme, car la défense d'une politique impitoyable peut facilement être interprétée comme la défense du communisme impitoyable. Mais nous ne devons pas trop insister sur ce point. L'objectif de Sartre n'a pas été de présenter les problèmes qui sont propres au socialisme du XXe siècle; mais d'analyser celui-ci en tant que phénomène historique, tel qu'il le voit. On pourrait appeler son sujet la politique de l'humanisme. Et le message indubitable de sa pièce est que la politique d'humanisme doit renoncer à l'éthique de non-violence qui appartient à la politique de la religion, de la contemplation et de la quiétude. La politique de l'humanisme est la politique de *ce* monde, et parce que ce monde est si profondément touché par le mal (conséquence d'après Sartre de la pénurie) la seule façon de maîtriser le mal est d'être impitoyable, de se salir les mains par le crime.

Sartre a dit en février 1963: "Si j'étais Italien, je deviendrais membre du parti communiste italien". Mais cette remarque ne veut pas dire que ce que Sartre apprécie dans le parti communiste italien est sa tendance plus démocratique et plus libérale que celle du parti communiste français. Ce qui déplaît à Sartre dans le parti communiste français n'est pas qu'il soit trop extrémiste mais qu'il soit docile, conservateur et subordonné à Moscou. Il n'est pas assez révolutionnaire. Sartre est à la gauche du parti. C'est *lui* qui est l'extrémiste. Et c'est ce qui l'a conduit à sa fameuse querelle avec Albert Camus.

Les deux amis ont commencé à se détacher

l'un de l'autre dès la fin de la guerre, lorsque l'existence des camps de travail en Union Soviétique fut prouvée sans l'ombre d'un doute. Camus demanda à Sartre de se joindre à une protestation contre ces camps, mais Sartre refusa, disant qu'ainsi il se prêterait à la propagande de la "guerre froide" que les Américains dirigeaient contre les Russes. Camus arguait que tous ces bavardages sur la propagande et la "guerre froide" masquaient un fait simple, qu'on oubliait complètement la souffrance des hommes dans les camps de travail russes. Camus estimait que l'idéologie détruisait l'humanité pure des hommes.

Cette pensée inspira Camus qui écrivit un livre indisposant fortement Sartre: *L'Homme Révolté*. Dans cette oeuvre, Camus reprend son attaque sur les idéologies fanatiques de toute politique. Il plaça Rousseau, Robespierre, le mouvement romantique, Marx et le fascisme dans la même lignée. Contre cette tradition "nordique" de l'idéologie fanatique, Camus plaida pour la modération ou *mesure* "classique ou méditérranéenne" et dit que c'était la marque d'un véritable insurgé qui n'accepterait aucun dogme ou croyance prédéterminée d'aucune sorte. Camus termina son livre en recommandant une démocratie socialiste de type libéral, atteinte, non par la révolution, mais un processus de réformes progressives.

Sartre riposta que ce n'était rien d'autre que du conservatisme ou, au mieux, une forme de quiétisme qui se prêtait à la cause de la réaction. Dès que le livre fut publié, Sartre annonça que son amitié avec Camus était terminée. Sartre croyait, comme il le croit depuis plus de 20 ans, que le seul espoir de l'humanité est dans la révolution et qu'en plus, tout ce qui n'aboutit pas à la révolution ou qui a pour effet de la retarder est une trahison.

Le mot "trahison" est important ici et sa signification a plus de poids lorsque nous nous rappelons la théorie de Sartre sur la Société à laquelle j'ai déjà fait allusion. Sartre considère le groupe comme une unité sociale dont la fraternité n'est due qu'à la menace de la Terreur contre celui qui trahit son engagement au but commun. Ainsi, pour Sartre, l'opposition politique, même le dissentiment politique, assume rapidement l'aspect d'une perfidie ou même d'une trahison.

Les purges conduites par le régime stalinien en Russie n'ont pas étonné Sartre; elles ne lui semblèrent que trop intelligibles. Il n'est donc pas étonnant qu'il ait donné une justification rapide aux purges cubaines et chinoises. Son attachement à la Russie semble même s'être refroidi depuis que le commandement russe est devenu plus modéré, plus circonspect, plus attaché à l'idée de la co-existence pacifique. Sartre ne croit pas à la co-existence et qui plus est, il déclare que l'Ouest ne la pratique pas. Il voit la main agressive de l'Amérique partout, non seulement au Vietnam mais aussi dans d'autres parties de l'Asie et de l'Amérique du Sud; il aurait voulu que la Russie aide le Vietnam du Nord et leur manque d'empressement à fournir autre chose que des armes a déçu Sartre. Il remarque en Russie un penchant pour les valeurs bourgeoises et il estime que l'esprit révolutionnaire est passé chez les Cubains et les Chinois ou les mouvements de guerrillas en Amérique du Sud.

En effet, ces dernières années, Sartre tend de plus en plus à désespérer de l'Europe. Il a été consterné par l'échec de la classe ouvrière dans les sociétés industrielles avancées qui n'ont pas pu jouer le rôle que la théorie de Marx leur avait assigné, celui d'être la classe révolutionnaire. Au lieu de cela, de tels hommes se rapprochent de plus en plus de la classe moyenne. Mais aujourd'hui Sartre pense avoir découvert une autre classe révolutionnaire, un autre prolétariat — les habitants des pays sous-développés d'Afrique, d'Asie et d'Amérique du Sud. Ces peuples, à prédominance rurale, auxquels lui-même n'attache aucune signification politique, sont considérés par Sartre comme porteurs d'avenir. Ce sont les "maudits de la terre" — les plus pauvres, les plus opprimés et pour cette raison justement, les plus aptes à constituer la masse impétueuse de la révolution.

De même le héros personnel de Sartre pendant l'occupation allemande était Albert Camus, combattant intellectuel de la Résistance; de même, ces dernières années, ses héros personnels ont été des hommes tels que Régis Debray, qui se joignit aux forces de la guerrilla rurale de Bolivie et Franz Fanon, un médecin noir de la Martinique qui fit partie du F.L.N. d'Algérie dans son combat contre les Français. Avant de mourir, Franz Fanon écrivit un livre au titre significatif *Les Damnés de la Terre,* pour lequel Sartre écrivit une préface enthousiaste. Fanon attaqua tout ce qui était européen, y compris la Russie et les partis communistes dominés par les Russes. Sartre ne se joignit pas à sa cause. Il pensait également que l'Europe était acquise aux réactionnaires et que la révolution aurait à se découvrir une nouvelle patrie.

Depuis plus de 20 ans, Sartre a pris, avec ardeur fait et cause pour le mouvement populaire anti-colonialiste des anciens territoires français d'outre-mer. Il était très en avance sur le parti communiste français dans ses sympathies. En effet, il fut tellement obsédé par la guerre d'Algérie qu'il abandonna virtuellement tous ses ouvrages littéraires pendant sept ou huit ans, afin de se consacrer à la politique et à la philosophie politique. Après l'Algérie, vint la guerre du Vietnam qui pendant plusieurs années tint également une place de choix dans les pensées de Sartre. Depuis fort longtemps il était violemment anti-Américain. Une de ses pièces les plus connues, *La Putain Respectueuse* est tout simplement une attaque contre le racisme américain. Une attaque qui peut-être se trouve affaiblie par le manque de mesure de l'auteur. Dans une entrevue datant de novembre 1966, Sartre dit: "L'opposition au pacte Atlantique devrait être le critère principal de la politique de gauche". Il expliqua ceci en disant:

Le monde n'est pas dominé par deux grandes puissances mais par une seule. Et la co-existence pacifique, malgré ses aspects très positifs, sert les Etats-Unis. C'est grâce à la co-existence pacifique et au différend sino-soviétique, celui-ci résultant en grande partie de celle-là, que les Américains peuvent bombarder le Vietnam en toute tranquilité (Le Nouvel Observateur, no. 107 du 30 novembre 1966, p. 14).

La vérité est que Sartre est très individualiste dans les positions qu'il adopte en matière politique. Il croit à la discipline du parti et à des contrôles stricts, mais il ne permettra à personne, en dehors de lui-même, de gouverner ses propres décisions. Caractéristiques sont les refus de Sartre d'accepter le prix Nobel que des communistes tels que Quasimodo en Italie ont reçu avec empressement ou d'accepter une chaire de professeur au Collège de France parce que contrôlé par le gouvernement. Il a également une attitude inattendue en ce qui concerne la liberté des écrivains. Il refusa de signer l'appel à la clémence pour l'amie de Pasternak, Madame Ivanskaya, lorsqu'elle fut emprisonnée en Union Soviétique, mais il émit une protestation vigoureuse contre l'emprisonnement des écrivains russes, Sinyavsky et Daniel.

De toute évidence, Sartre appartient à la lignée de Voltaire, aussi bien qu'à la tradition protestante du témoignage personnel. Lorsque l'Académie suédoise lui offrit le prix Nobel en 1964, le comité apprécia l'attitude de Sartre dévoué à l'idée de liberté. Sartre dans sa réponse, fit ressortir que la liberté représentait pour lui bien autre chose que pour les Suédois. Sartre écrivit:

Dans la motivation de l'Académie suédoise, on parle de liberté. C'est un mot qui invite à de nombreuses interprétations: à l'Ouest on n'entend qu'une liberté générale, quant à moi j'entends une liberté plus concrète, qui consiste dans le droit d'avoir plusieurs paires de chaussures et de manger à sa faim. Il me paraît moins dangereux de décliner le prix que de l'accepter. Si je l'accepte, je me prête à ce que j'appelerais "une récupération objective". J'ai lu dans un article du Figaro Littéraire qu'on "ne me tiendrait pas rigueur d'un passé politique controversé". Je sais que cet article n'exprime pas l'opinion de l'Académie mais il montre clairement dans quel sens on interpréterait mon acceptation dans certains milieux de droite. Je considère ce passé "politique controversé" comme toujours valable même si je suis tout prêt à reconnaître certaines erreurs passées au milieu de mes camarades.

Je ne veux pas dire par là que le Prix Nobel soit un prix "bourgeois" mais voilà l'interprétation bourgeoise que donneraient inévitablement des milieux que je connais bien.

La référence de Sartre dans ce paragraphe à la liberté concrète ne signifie pas que c'est là l'unique sens qu'il donne au mot "liberté". Car il a toujours cru autant à la liberté métaphysique qu'à ce qui est parfois nommé la liberté de la volonté.* C'est le propre de tout homme car elle appartient à la condition humaine. Nous sommes tous des agents libres, responsables de nos actes. C'est cette liberté là qui fait de "l'engagement" une nécessité logique. Sartre soutint un jour le paradoxe que les Français n'avaient jamais été plus libres que sous l'occupation allemande. Il est évident qu'ici il ne parlait pas de liberté concrète mais de liberté métaphysique. Il voulait dire que l'occupation allemande conduisit les Français à cette limite extrême d'eux-mêmes, où ils devenaient pleinement conscients de la liberté de leur volonté et de leur responsabilité morale.

D'autre part, la notion qu'a Sartre de la liberté

*Ou libre arbitre.

concrète est surtout une notion *d'économie.* Etre libre, c'est être soustrait à l'esclavage de la nécessité naturelle, libéré de la faim, de la pauvreté, de la misère et du besoin. Et ce concept est étroitement rattaché à la notion sociologique fondamentale de Sartre — à savoir que la rareté où la pénurie a été le facteur décisif dans la formation des rapports sociaux entre les hommes et a conditionné toute notre histoire jusqu'à présent.

La théorie de Sartre sur une littérature engagée a durci au long des années. Il y a dix ans, il accueillait encore avec sympathie l'innovation purement littéraire et écrivait une préface enthousiaste à un roman expérimental de Nathalie Sarraute. Mais cinq ans plus tard, lorsqu'on lui demanda ce qu'il pensait d'un livre d'un écrivain de l'école du nouveau roman de Madame Sarraute, Sartre répondit: "Croyez-vous que je puisse lire Alain Robbe-Grillet dans un pays sous-développé? " Sartre continua en offrant à l'écrivain "deux choix dans le monde de la faim dans lequel nous vivons". Le premier était de renoncer complètement à écrire afin de s'unir au combat des peuples sous-développés en faisant un travail pratique. Le second était de se préparer au jour où tout le monde saura lire, en présentant les problèmes de la façon la plus radicale et la plus intransigeante.

Il est utile de se souvenir que le cousin de Sartre, Albert Schweitzer, a exprimé un jour des sentiments très proches en choisissant la première alternative, abandonna la vocation d'érudit et partit travailler comme médecin en Afrique équatoriale. Pourquoi le raisonnement de Sartre ne le conduit-il pas au même choix? Sans doute parce qu'il lui semble qu'un tel travail serait purement philanthropique alors que lui, avec ses dons personnels et son influence, pourrait être de plus d'utilité en écrivant des livres, qui comme il le dit lui-même, "présentent des problèmes de la façon la plus radicale et la plus intransigeante".

Il y a longtemps que Sartre n'a pas écrit de pièce et encore plus longtemps qu'il n'a pas écrit de roman. Il est vrai qu'il a écrit une courte oeuvre autobiographique, *Les Mots,* qui est sortie en 1963 et un essai sur Flaubert qui parut sous la forme de feuilleton en 1966. Mais son travail le plus important dans les dix dernières années a été sa *Critique de la Raison Dialectique* dont à ce jour le premier volume seulement a été publié.

Dans ce livre, Sartre se présente à nous comme un philosophe, à la manière de Socrate, qui assume franchement la tâche d'expliquer aux hommes comment vivre et penser. Simone de Beauvoir, dans ses mémoires, nous dit quelque chose sur l'effort qu'a coûté à Sartre ce vaste ouvrage. Elle est bien placée pour en parler puisque, sans l'épouser, elle a été sa compagne pendant près de 40 ans. Simone de Beauvoir nous dit que Sartre restait debout la plus grande partie de la nuit, se tenant éveillé avec du café et des pilules, pendant des mois, afin d'écrire sa *Critique*.

Sartre a toujours pris à coeur sa propre doctrine à savoir que chaque homme est responsable de tout ce qu'il fait et il a un sens aigu de sa responsabilité d'écrivain dont l'audience est très large et dont l'autorité est reconnue par beaucoup de jeunes intellectuels à travers le monde. Il a essayé d'utiliser cette influence pour rendre les intellectuels libéraux plus socialistes, et les intellectuels socialistes plus humains.

Nous pouvons même déceler une certaine analogie entre Sartre et les réformateurs religieux du XVIe siècle. Ils voulaient rendre à la chrétienté, devenue sophistiquée et lasse, son zèle primitif pour le salut personnel. De même, Sartre croit que le socialisme a perdu sa pureté et le sens de sa finalité. Ce qu'Albert Camus appelle "fanatisme" ne l'effraie pas. Au contraire, Sartre croit qu'une telle ferveur est précisément ce dont le monde a le plus besoin aujourd'hui. Et quoiqu'il pense que les "damnés de la terre" seront les premiers élus, il croit aussi, comme Savonarole, Calvin et Lénine que les intellectuels ont pour mission spéciale de hâter la délivrance des peuples simples.

Je ne prétendrai pas, en ce qui me concerne, que Sartre est le plus grand philosophe du XXe siècle car ce titre doit être réservé à des hommes comme Bertrand Russel et Wittgenstein qui appartiennent à un type de philosophie plus académique. Mais, je suis parfois tenté d'adhérer à l'opinion que j'ai entendu émettre: que Sartre est le *seul* "philosophe" du XXe siècle, si par le mot philosophe nous entendons quelqu'un comme Platon ou Rousseau ou Hegel, un penseur qui est intensément et intimement préoccupé par la signification de la vie et le prédicament humain. En effet, la plupart des philosophes modernes de l'école empirique anglo-saxonne, comme Wittgenstein et Russel, ne se préoccupent pas seulement des problèmes de la vérité et de la connaissance dans leur acception très abstraite. Sartre a raison de dire qu'il est également préoccupé par le concret.

Comme créateur de système, il n'a pas la majesté d'un Platon ou d'un Hegel, sa place est plus près, peut-être, de Rousseau et son contemporain Voltaire, ce qui veut dire que Sartre est un philosophe très imaginatif et sensible. Alors, tout naturellement, ses idées ont souvent trouver à s'exprimer dans des oeuvres de fiction et de drame et il n'y a ni conflit ni brèche entre l'oeuvre littéraire et le travail théorique.

Le fait qu'il se soit détourné de l'oeuvre littéraire pour s'adonner à des travaux théoriques ces dernières années doit être interprété comme un signe de plus grande austérité et peut-être aussi, de plus grande impatience.

Dans *Altona,* la dernière pièce que Sartre a écrite, un des personnages dit: "J'ai existé. . . J'ai pris le siècle sur mes épaules et j'ai dit: "J'aurai à répondre de ceci. Ce jour et à jamais."

Sartre lui-même a sans doute "pris le siècle sur ses épaules" comme aucun autre philosophe ou écrivain. Je suis le plus souvent en désaccord avec ses vues mais j'ai beaucoup de respect et d'admiration pour lui précisément parce qu'il entreprend ce que personne d'autre ne semble vouloir faire. La sensibilité morale de Sartre qui est quasi religieuse est doublée d'une intelligence qui est tout à fait rationaliste. Simone de Beauvoir a dit un jour de lui qu'il était soumis à *une tension constante* et que la tension constante est sûrement un des secrets qui le distingue en tant que philosophe. Albert Camus semble avoir raison de penser qu'une attitude plus détendue et reconnaissante de la vie contribue au bonheur personnel. Mais je soupçonne que le zèle et l'intensité de Sartre sont nécessaires à un philosophe qui veut vraiment changer les choses, surtout à un philosophe qui veut les changer aussi radicalement que Sartre, pour amener la transformation qui mérite le nom de Révolution.